Stalking

Hintergründe und Interventionsmöglichkeiten

von

Sandra Fiebig

Tectum Verlag
Marburg 2005

Fiebig, Sandra:
Stalking.
Hintergründe und Interventionsmöglichkeiten.
/ von Sandra Fiebig
- Marburg : Tectum Verlag, 2005
ISBN 978-3-8288-8876-0

Tectum Verlag
Marburg 2005

1 Einleitung

Stalking, was ist das eigentlich? Diese Frage hat mir fast jeder gestellt, dem ich von der Thematik meiner Arbeit berichtet habe. Es handelt sich hierbei insbesondere in Deutschland um ein relativ junges Forschungsgebiet. Die Taten an sich sind schon sehr alt, lediglich die Definierung derer ist neu. Ausgehend von den USA wird das Phänomen Stalking seit den 90er Jahren zunehmend zum Gegenstand wissenschaftlicher Forschung.

Unter Stalking versteht man im Groben das Belästigen, Beobachten und Verfolgen einer Person mit dem Ziel Macht und Kontrolle über diese Person auszuüben. Charakteristisch für die Stalking-Handlungen ist eine gewisse Kontinuität und Häufigkeit der einzelnen Handlungen. In Extremfällen reichen diese bis hin zu Tötungsdelikten.

Popularität bekam die Stalking Problematik erst dadurch, dass in den Medien vorwiegend von prominenten Personen berichtet wurde, die Opfer eines Stalkers wurden. Dass dies jedoch kein ausschließliches Problem von Prominenten ist, sondern jede Person zu jeder Zeit treffen kann, zeigen amerikanischen Statistiken, die zu dem Ergebnis gekommen sind, dass 8% aller Frauen und 2% aller Männer in ihrem Leben irgendwann einmal Opfer eines Stalkers wurden.

Ob und inwieweit diese Ergebnisse auf deutsche Verhältnisse zu übertragen sind, steht noch aus; dennoch bekunden deutsche Forscher nur geringe Zweifel an der Übertragbarkeit. [Bettermann 2004, S.3]

Dass zu diesem Thema in den USA mehr geforscht wurde, zeigt die unzählige amerikanische Fachliteratur, die amerikanischen Statistiken und nicht zuletzt die Anti-Stalking-Gesetze, die in jedem Bundesstaat in Amerika in die Gesetzgebung integriert wurden. Hier wird massiv gegen Stalking vorgegangen. Nicht zuletzt aufgrund der Morde an prominenten Frauen durch Stalker.

In Deutschland ist die Politik noch nicht so fortschrittlich, dennoch gibt es auch hier Möglichkeiten gegen Stalking vorzugehen. Das

Gewaltschutzgesetz vom 01.01.2002 hat zum Schutz dieser Opfern beigetragen. Allerdings ist dieses Gesetz nicht explizit für diese Art der Kriminalität verfasst worden. Ob und in wieweit es für die Stalking-Problematik ausreichend ist, soll in dieser Arbeit näher erläutert werden.

1.1 Leitfragen

Um einen Zugang zur Thematik zu bekommen, habe ich mir im Vorfeld einige Leitfragen erarbeitet, deren Beantwortung im Rahmen dieser Ausarbeitung einer besonderen Klärung bedarf.

- Was versteht man unter Stalking?
- Was charakterisiert den Täter? Gibt es nur einen Täter oder gibt es verschiedene Tätertypen, und wenn ja, wie kann man sie am sinnvollsten kategorisieren?
- Warum wird jemand zum Stalker?
- Wer wird Opfer?
- Was für Auswirkungen haben die Taten auf die Gesundheit der Opfer?
- In den USA gibt es Gesetze gegen Stalking. Gibt es in Deutschland auch Gesetze gegen Stalking?
- Welche Möglichkeiten haben Opfer und Behörden?
- Sind die Gesetze in Deutschland ausreichend um effektiv gegen Stalking vorzugehen?
- Was muss diesbezüglich noch verbessert werden?

1.2 Hintergrund und Zielsetzung der Arbeit

Der Bereich des Stalkings birgt an sich genug Material für ein Fachbuch, dennoch war es mir wichtig, wenn auch nur grob, den Bereich der häuslichen Gewalt mit darzustellen. Zum einen, da Stalking auch in Fällen häuslicher Gewalt insbesondere nach der

Beendigung einer Partnerschaft vorkommen kann (die meisten Stalker sind Ex-Partner), zum anderen aber auch um die Relevanz von Frauenhäusern in Deutschland darzustellen, die sich mit häuslicher Gewalt, aber auch vermehrt mit dem Thema Stalking auseinander setzen müssen. Im Rahmen dieser Arbeit werde ich einen Überblick über den aktuellen Forschungsstand über häusliche Gewalt und Stalking in Deutschland sowie Stalking in Amerika darstellen. Hierbei ist mir wichtig die Bedeutung von Stalking herauszuarbeiten, und die Schwierigkeiten in Bezug auf eine Erfolg versprechende Intervention aufzudecken. Um überhaupt Interventionen und Präventionen zu ermöglichen, fehlen in vielen betroffen Bereichen noch konkrete Informationen über die Täter. Deshalb setze ich mich im Rahmen meiner Arbeit mit den verschiedenen Tätertypen auseinander. Diese kategorisiere ich, damit Beratungs- und Präventionsstellen die Möglichkeit haben, die Opfer individuell in ihrer Situation beraten zu können.

Die Schwierigkeit bei dieser Themenwahl ist die fast ausschließlich englischsprachige Literatur und die noch ausstehenden Ergebnisse einer Stalking-Studie in Deutschland, die ich sehr gerne mit herangezogen hätte.

Das Ziel meiner Arbeit ist folglich einen guten Überblick über den derzeitigen Forschungsstand im Bereich Stalking aufzuzeigen, um auf diese Weise Hilfseinrichtungen eine Einführung in die Thematik zu ermöglichen und einen kompakten und übersichtlichen Handlungsleitfaden bereitzustellen.

1.3 Aufbau der Arbeit

Der Hauptteil meiner Arbeit beschäftigt sich mit dem Thema Stalking und mit den damit verbundenen Hintergründen sowie den möglichen Interventionsmaßnahmen. Um jedoch einen Einstieg in die Gewaltproblematik des Stalkings zu bekommen, gehe ich in Kapitel zwei meiner Arbeit auf das Thema „Häusliche Gewalt" ein. Insbesondere auch deshalb, da es in vielen Fällen häuslicher Gewalt nach der Trennung des Partners zu Stalking-Verhalten kommt.

Die Gewalt im sozialen Nahraum ist auch heute noch häufig ein Tabuthema in unserer Gesellschaft, dennoch ist die Auslastung der

Frauenhäuser bezeichnend dafür, dass man diese Problematik aus unserer Gesellschaft nicht wegdenken kann. Deshalb ermögliche ich einen Einblick in das Vorkommen der häuslichen Gewalt in Deutschland und gebe einen Überblick über den Gewaltbegriff. Den Bereich der Gewalt beleuchte ich lediglich grob, da ich meinen Schwerpunkt auf das Thema Stalking gelegt habe, wenngleich es auch Schnittstellen zwischen Stalking und häuslicher Gewalt gibt, die man nicht außer Acht lassen darf. Zuerst gebe ich eine kurze Einleitung zum Thema Stalking. Im Anschluss daran, werde ich mich mit dem Begriff Stalking auseinander setzen und das Vorkommen der Stalking-Handlungen explizit darstellen.

Um eine Vorstellung zu bekommen, mit welchen Mitteln Stalker vorgehen, werde ich die häufigsten Stalking-Verhaltensweisen näher darstellen.

Im weiteren Verlauf werde ich in Bezug auf Stalking speziell auf mögliche Erklärungsansätze eingehen, die eine besondere Relevanz für das Stalker-Verhalten darstellen. Dazu zählen die Psycho-analytische Theorie, die Bindungstheorie, die Narzisstischen, sowie die Borderline Persönlichkeitsstörungen.

Um individuelle Interventionsmöglichkeiten bieten zu können, ist es mir im fünften Kapitel äußerst wichtig, unterschiedliche Tätertypen darzustellen, nach denen auch Risikoeinschätzungen vorgenommen werden können.

Für eine effektive Präventionsarbeit im Bereich Stalking, sind jedoch nicht nur Erkenntnisse über die Täter notwendig, sondern es ist hierbei auch bedeutsam, welche Opfertypen es gibt und in welchem Verhältnis die Opfer zu ihrem Täter standen oder stehen. Diese Themen erläutere ich im sechsten Kapitel näher.

In diesem Zusammenhang füge ich in diesem Kapitel einen Exkurs über prominente Opfer ein, durch die Stalking überhaupt erst und Aufmerksamkeit Popularität im negativen Sinne erhalten hat. Ganz besonders wichtig ist mir auch noch das Benennen der möglichen psychischen Auswirkungen, die ich jeweils anhand von Statistiken belege. Insbesondere für die Arbeit mit Opfern von Stalking ist es wichtig zu wissen, welche Möglichkeiten es zur Intervention von Stalking-Taten gibt. Hierbei gibt es auf der einen Seite die juristischen und auf der anderen Seite die psychosozialen Maßnahmen. Diese stelle ich in meinem letzten Kapitel vor.

2 Häusliche Gewalt

Was hat das Thema „Häusliche Gewalt" mit dem Thema Stalking gemein? Sind dies zwei separat zu behandelnde Themen oder sind sie miteinander verbunden?

Die Hauptschnittstelle zwischen Stalking und häuslicher Gewalt stellt das am 01.01.2002 in Kraft getretene Gewaltschutzgesetz dar. Dieses Gesetz hat zwei Schwerpunkte: zum einen den Schutz vor Gewalt und Nachstellungen insbesondere durch gerichtlich erwirkte Kontaktverbote und zum anderen die Überlassung der gemeinsam genutzten Wohnung bei Trennung. „In dem Gesetz soll der Tatsache Rechnung getragen werden, dass Gewalt über körperliche Übergriffe hinausgeht und die häusliche Gewalt bei Beendigung der Partnerschaft nicht notwendigerweise aufhört." [broken-rainbow. 2004] Insbesondere wenn der Täter aus dem sozialen Nahraum stammt, gibt es verschiedene Schnittstellen zwischen Stalking und häuslicher Gewalt. Dabei existieren zwei prinzipiell unterschiedliche Ansichten unter Fachleuten: Auf der einen Seite sieht man Stalking „als kontrollierendes und verfolgendes Verhalten als eine Form „Häuslicher Gewalt" [broken-rainbow.2004] an, das auch nach Beendigung der Beziehung fortgeführt wird. Dabei bleibt die ursprüngliche Motivation des Stalkers von der Trennung unberührt, das heißt seine Macht und Kontrolle wird aufrechterhalten, zuzüglich können noch weitere motivationale Faktoren, wie Rache hinzukommen.

Wenn man jedoch auf der anderen Seite Stalking ausschließlich der nachpartnerschaftlichen Phase zuordnet, „d. h. die Stalking-Aktivitäten sich nur auf den/die ehemalige PartnerIn beziehen, geht mit der Trennung ein Motivationswechsel einher. Handlungsleitend ist dann nicht die Aufrechterhaltung von Macht- und Gewaltstrukturen, sondern die Wiederherstellung der Beziehung, ihre „Rettung", die Wiedergewinnung der Partnerin, wobei auch hier mit Misserfolg die Schadenszufügung aus Rache als weiteres Motiv hinzutreten kann." [broken-rainbow2004]

Was konkret unter Stalking verstanden wird, welche Täter- und Opferprofile bisher deklariert wurden und welche Schutzmaßnahmen man zum Schutz ergreifen kann, wird in den nächsten

Kapiteln dieser Arbeit ausführlich behandelt. Unter häuslicher Gewalt versteht man allgemein die Gewalt im sozialen Nahraum. Da es sich statistisch gesehen häufig um männliche Täter und weibliche Opfer handelt, wird häusliche Gewalt in der Fachwelt auch als Gewalt im Geschlechterverhältnis beschrieben: „Gewalt gegen Frauen wird zumeist in einer komplexen Form von Misshandlungen, Ausbeutung, Unterdrückung und Kontrolle durch Ehemänner, Partner oder anderen Personen des sozialen Umfelds der Frau ausgeübt. Dazu gehören alle Formen physischer, psychischer und sexueller Misshandlungen, sowie die ökonomisch- finanzielle und soziale Diskriminierung, die das Ausnutzen männlicher Privilegien und weiblicher Abhängigkeiten beinhaltet". [broken-rainbow2004] Häusliche Gewalt stellt an sich einen Gegensatz dar, das heißt, Gewalt dürfte in der Familie bzw. in einer Partnerschaft nicht existieren. Die Statistiken beweisen jedoch das Gegenteil. Zahlreiche empirische Forschungen der letzten Jahre in der Bundesrepublik Deutschland haben herausgefunden, dass immer noch viele Partner ihre Frauen/Männer schlagen. Diese Gewalttaten sind schichten-unabhängig und somit nicht, wie häufig angenommen wird, ein Problem sozialer Randgruppen. „Schätzungen gehen davon aus, dass in der Bundesrepublik jährlich ca. 4 Millionen Frauen regel-mäßig von ihrem Partner misshandelt werden", das heißt, jede vierte Frau wird in ihrem Leben einmal Opfer häuslicher Gewalt. [Firle, Hoeltje, Nini, 1995, S.13] Hierbei fällt auf, dass fast immer davon berichtet wird, dass Männer ihre Frauen schlagen. Das hat sich auch in 95% aller angezeigten Fälle in der Bundesrepublik bewahrheitet, dennoch dürfen hier die 5% nicht außer Acht gelassen werden, in denen sich das Gewaltverhältnis umkehrt. Die Dunkelziffer ist hier mit großer Wahrscheinlichkeit höher, da Männer, die von ihren Frauen misshandelt werden, die Reaktionen der Polizisten fürchten und sie sich somit ihrem Schicksal fügen. Sie schweigen aus Scham.
Schwierig beim Thema „Gewalt in der Familie" ist heute immer noch die Tatsache, dass die Angelegenheit weit gehend tabuisiert wird und dass das, was in Familien passiert, häufig als Privatangelegen-heit betrachtet wird. Es ist jedoch keine Privatangelegenheit, sondern „eine schwerwiegende Straftat, die die öffentliche Sicherheit gefährdet." [Gewalt gegen Frauen, Niedersächsisches Innen-

ministerium, 2002, S.5] Was sich genau hinter dem Begriff häusliche Gewalt verbirgt, soll in Punkt 2.1 näher erläutert werden.

2.1 Begriffsbestimmung häusliche Gewalt

Um zu klären, was unter dem Begriff „Häusliche Gewalt" zu verstehen ist, ist es notwendig, zuerst den Gewaltbegriff zu definieren. In unserer Umgangssprache ist der Begriff „Gewalt" zwar fest integriert, dennoch wird er oft unterschiedlich interpretiert. Je nachdem welche Disziplin oder welcher theoretische Hintergrund sich dahinter verbirgt. [Kapella/Cizek 1998, S.16]

„**Gewalt** bedeutet von der sprachlichen Wurzel her das Verfügen können über innerweltliches Seiendes, ohne dass damit schon ein Urteil über deren Rechtmäßigkeit gefällt ist. Die absichtliche Schädigung von Menschen durch Menschen ist Gewalt. Anders ausgedrückt: Gewalt liegt dann vor, wenn es Opfer gibt. Der enge Gewaltbegriff beschränkt sich auf die zielgerichtete, direkte physische Schädigung, der weiter gefasste Gewaltbegriff schließt neben der körperlichen auch die psychische bzw. verbale und mitunter auch die "strukturelle Gewalt" ein. Unter "struktureller Gewalt" wird dabei jegliche Beeinträchtigung der Persönlichkeitsentwicklung (zum Beispiel durch Armut) verstanden."[net-lexikon 2004] Im Sprachgebrauch wird der Gewaltbegriff sehr ambivalent gebraucht. Gleichbedeutend können Macht (englisch *power*, lateinisch *potentia*) oder Herrschaft im legitimen Sinne verwendet werden. Repressive Gewalt, zwangsweise ohne oder gegen den Willen der "Unterworfenen" ausgeübt, gilt als nicht legitim (violence).

Gewalt wird im Alltagsverständnis häufig mit körperlicher Gewalt gleichgesetzt, das heißt, körperliche Übergriffe wie spucken, würgen treten, schlagen, überschütten mit heißen Flüssigkeiten und Formen sexueller Gewalt. Im Rahmen der häuslichen Gewalt muss die Gewaltdefinition dennoch etwas weiter gefasst werden. Früher lag der Schwerpunkt der Gewaltforschung bei der körperlichen, also physische Gewalt. Die psychische Gewalt wurde dabei völlig ignoriert. Dies hat sich erst in den letzten Jahren geändert, so dass nicht nur körperliche Angriffe unter Strafe gestellt wurden, sondern auch Angriffe mit einbezogen wurden, die mit der Absicht ausgeführt wurden, dem Opfer seelische Verletzungen zuzufügen. [Löbmann 2004, S.75, Elsner 1997, S.137] Dazu zählen u.a. „Drohung mit Gewalt oder Selbstmord, Kontrolle von Schlaf und Essen, Drohung die Kinder wegzunehmen oder zu verletzen, Forderung erniedrigenden Verhaltens, Nichthören, Schweigen, absichtliches Missverstehen, Vergessen wichtiger Angelegenheiten. [...] Aber auch Dinge in der Absicht zu tun, der Frau einen Schrecken einzujagen, z.b. mit überhöhter Geschwindigkeit Auto zu fahren, mit Waffen zu „spielen" usw." [Firle/Hoeltje/Nini 1995, S.15] Unabhängig von der Art der Gewalt steht dabei immer die Absicht des/der Täters/Täterin im Vordergrund, dem Opfer zu schaden. In allen Beziehungen, in denen Gewalt ausgeübt wird, gibt es ein entscheidendes Ungleichgewicht der Kontrolle und der Macht- verhältnisse. Hierbei hat der Täter/die Täterin deutlich mehr Kontrolle über das Opfer, als das Opfer über den Täter/die Täterin, was wiederum nicht bedeutet muss, dass das Opfer nicht auch versucht, die Kontrolle über die Beziehung zurück zu erlangen. [Brewster 2001, S.59] Dennoch befinden sich diese Paare bereits in einer Gewaltspirale, die sich aus Demütigung, Drohung, Nötigung, Zwang und Erniedrigung zusammensetzt. Dabei kommt es zu einem Gewaltkreislauf, der nur schwer ohne Hilfe von Außenstehenden zu durchbrechen ist. Prinzipiell strebt der Täter/die Täterin eine ökonomische Kontrolle des Opfers an, um es in eine Abhängigkeit zu drängen. Hinzu kommt das Ziel der sozialen Isolation des Opfers. In den meisten betroffenen Partnerschaften existiert eine Kombination beider Gewaltarten. Unterschwellig beginnt die Gewaltspirale meist mit psychischer Gewalt und entwickelt sich dann bis zur physischen Gewalt. Dennoch wird die physische Gewalt von den Opfern als gravierender empfunden. [Löbmann 2004, S.76] Aus derartigen pathologischen Beziehungsstrukturen können in der akuten Trennungsphase, sowie in den anschließenden Jahren je nach Persönlichkeitsstruktur des Aggressors Stalking-Fälle resultieren. Diese Stalking-Fälle sind Inhalt dieser Arbeit.

2.2 Vorkommen

„Nach Befragungen des Kriminologischen Forschungsinstitutes Niedersachsens (KFN) ist jede sechste Frau in den vorangegangenen 5 Jahren in der Familie mindestens einmal geschlagen, wenn nicht öfter und schwerer verletzt worden. Jede siebte Frau ist mindestens einmal in ihrem Leben vergewaltigt oder sexuell genötigt worden. Ca. 2/3 der sexuellen Gewaltfälle geschehen im sozialen Nahraum." [HAIP 2000, S.5]

Dies sind erschreckende Zahlen, wenn man einmal davon ausgeht, dass ‚Familie' grundsätzlich mit Schutz und Geborgenheit assoziiert wird und nicht mit Gewalt und Angst behaftet sein sollte. In Bezug auf häusliche Gewalt wurden viele empirische Studien durchgeführt, die sich in ihren Aussagen sehr ähneln, sodass ich mich lediglich auf die durchgeführte Untersuchung des Hannoverschen-Interventions-Projekts (HAIP) beziehe. Bei diesen Untersuchungen wurden auch die Anzahl der Polizeieinsätze mit herangezogen, die bei häuslicher Gewalt statistisch erfasst wurden. Diese Einsätze sind Teil der Polizeistatistik und somit ein guter Indikator für Fälle häuslicher Gewalt.

Tabelle 1 Betroffene Familien/Beziehungen für Hannover

	1997	1998	1999
Anzahl der Familien/Beziehungen	816	862	1039
Anzahl der Polizeieinsätze	960	1031	1226

[aus: Hannoversches Interventions-Projekt 2000, S.16]

Im Jahre 1999 wurden durch 1039 Familien oder sonstige Beziehungen im sozialen Nahraum insgesamt 1226 Polizeieinsätze ausgelöst. Das zeigt, dass in vielen Familien bzw. Beziehungen, mehrmals zu Streitigkeiten/Gewalttaten gekommen ist, bei denen die Polizei eingreifen musste.

Tabelle 2 Wie viele Familien/Beziehungen sind von strafrechtlich relevanten Vorfällen betroffen in Hannover?

	1997	1998	1999
Streit	163	163	184
Strafrechtlich relevant	653	699	855
Summe der Familien/Beziehungen	**816**	**862**	**1039**

[aus: Hannoversches Interventions-Projekt 2000, S.16]

Deutlich ist hierbei die konstante Zunahme an strafrechtlich relevanten Vorfällen im sozialen Nahraum. Hierbei müsste allerdings hinterfragt werden, ob tatsächlich eine Zunahme der Taten stattgefunden hat, oder lediglich eine erhöhte Bereitschaft bei den Opfern vorlag, die Tat anzuzeigen. Dies kann auch mit einer verbesserten Aufklärungspolitik einhergehen. Ich stelle in diesem Zusammenhang die These auf, dass mit Einführung des Gewalt-schutzgesetzes am 01.01.2002 eine deutliche Zunahme an strafrechtlich relevanten Taten statistisch erfasst wurde. Das könnte heißen, dass nicht mehr Vorfälle stattgefunden haben, sondern lediglich, dass mehr angezeigt wurden.

Tabelle 3 Tatbestände und Verletzungen im Überblick

Ereignis	1997	1998	1999
Streit	204	216	240
Sonst. Gewalt	189	110	169
Bedrohung	128	201	229
Nötigung	23	31	50
Körperverletzung	491	523	627
Gefährliche KV	139	176	199
Sex. Gewalt	6	5	11
Vers. Tötung	3	2	4
	Mehrfachnennungen		

[aus: Hannoversches Interventions-Projekt 2000, S.17]

Bei den Tatbeständen und Verletzungen verhält es sich meines Erachtens genauso wie bei den strafrechtlich relevanten Fällen. Durch die stetige Zunahme an Delikten vertrete ich die These, dass mehr von häuslicher Gewalt Betroffene bereit waren, ihre Peiniger anzuzeigen.

2.3 Exkurs: Koordinationsprojekt häusliche Gewalt – „BISS" (Beratungs –und Interventionsstelle)

Lange Zeit war die Polizei machtlos in Fällen häuslicher Gewalt. Erst seit dem 01.01.2002 mit Inkrafttreten des Gewaltschutzgesetzes ist der Schutz bei bestimmten unzumutbaren Belästigungen und bei Gewalttaten im sozialen Nahraum umfangreich verbessert worden. Es ist somit eine Möglichkeit geschaffen worden, die zivilgerichtlichen Schutzanordnungen und einen allgemeinen Anspruch auf Wohnungsüberlassung zugunsten der Opfer von Gewalt zu sichern. Dieses neue Gewaltschutzgesetz soll somit auch die Möglichkeiten erweitern, zum Beispiel einen schlagenden Ehemann oder Lebenspartner von seiner Frau oder Partnerin und den Kindern fern zu halten. Das zuständige Gericht kann folglich schon aus geringerem Anlass als bisher „Belästigungs-, Bedrohungs- und Annäherungsverbote aussprechen". [Däubler-Gmelin 2000] Mit der Verabschiedung dieses Gesetzes wurde ein „Stein ins Rollen gebracht". Zusätzlich wurden in einigen Bundesländern so genannte „BISS-Stellen" eingerichtet.

In Niedersachen wurden insgesamt sechs „BISS-Stellen" in verschiedenen Regionen gegründet, die als Teil des niedersächsischen Aktionsplanes zur Bekämpfung von Gewalt gegen Frauen fungieren. Diese Beratungsstellen arbeiten nach dem pro-aktiven Ansatz, das heißt, dass sie von der Polizei Informationen über deren jeweilige Einsätze bei häuslicher Gewalt erhalten. Nach Erhalt dieser Daten nehmen die Mitarbeiter der „BISS-Stellen" Kontakt zu den jeweiligen Opfern auf und bieten ihnen ihre Hilfe an. [Löbmann 2004, S.79] „Die kostenlose und freiwillige Beratung sollte Informationen über die rechtlichen Möglichkeiten des Gewalt-schutzgesetzes, eine individuelle Sicherheitsplanung, eine

Psychosoziale Unterstützung, und gegebenenfalls eine Abklärung der notwendigen Beratung und Unterstützung der Kinder bieten." [Schirrmacher 2003, S.3] Durch ihre pro-aktive Arbeitsweise wird vermutet, dass mehr misshandelte Frauen erreicht werden, da vielen von ihnen der Gang zu den Hilfseinrichtungen schwer fällt. Gefördert werden diese Stellen vom Niedersächsischen Ministerium für Soziales, Frauen, Familie und Gesundheit. [Löbmann 2004, S.80] Für die vorliegende Arbeit habe ich mit der BISS-Stelle in Wolfenbüttel zusammengearbeitet, deren Träger der Paritätische Wohlfahrtsverband Niedersachsen e.V. in Wolfenbüttel ist.

Diese Beratungs- und InterventionSStellen arbeiten eng mit der Polizei und der Justiz zusammen, die gemeinsam versuchen den Opfern aus ihrer Notlage herauszuhelfen.
Die Idee dieser Netzwerkbildung stammt aus den USA und hat sich bereits in der Bundesrepublik etabliert. Die Erfahrung hat gezeigt, dass häusliche Gewalt nicht effektiv genug mit Einzelmaßnahmen zu bekämpfen ist, sondern diese Situation ein Zusammenarbeiten von Justiz, Polizei und Unterstützungseinrichtungen für Frauen (Frauenhäuser, BISS-Stellen, etc.) erfordert. [Buskotte 2002, S.1]
Interdisziplinäre Arbeit stellt aber auch große Anforderungen an ihre Teilnehmer und Teilnehmerinnen. Sie müssen so genannte „Vernetzungskompetenzen" besitzen. „Vernetzungskompetenzen" lassen sich zusammenfassend als Fähigkeit zum Perspektiven-wechsel und zur Selbstreflexion in interdisziplinären Kontexten beschreiben. [Schirrmacher 2003, S.3] Diese Vernetzungs-kompetenzen beinhalten aber auch Schlüsselqualifikationen wie Kommunikationsfähigkeit und Konfliktfähigkeit, sowie die gegen-seitige Anerkennung der jeweiligen Arbeit, Transparenz der eigenen Arbeit, gemeinsame Basisintention, interdisziplinäre Koordination, etc.. [Schirrmacher 2003, S.5]
Die interdisziplinäre Arbeit hat im Allgemeinen sehr großen Erfolg. Ins-besondere die Zusammenarbeit mit der Polizei vollzieht sich sehr zufrieden stellend. Die Zusammenarbeit mit der Justiz, die am Anfang etwas „schleppender" voranging, verzeichnet nun bessere Erfolge. [Schirrmacher 2003, S.9]

Das KFN (Kriminologisches Forschungsinstitut Niedersachsens) hat als wis-senschaftliche Begleitung des Projektes erste Forschungser-gebnisse ausgewiesen. Dabei wurden für das Jahr 2003 126 BISS-Fälle untersucht und ausgewertet.

Abbildung 1 BISS-Beratene

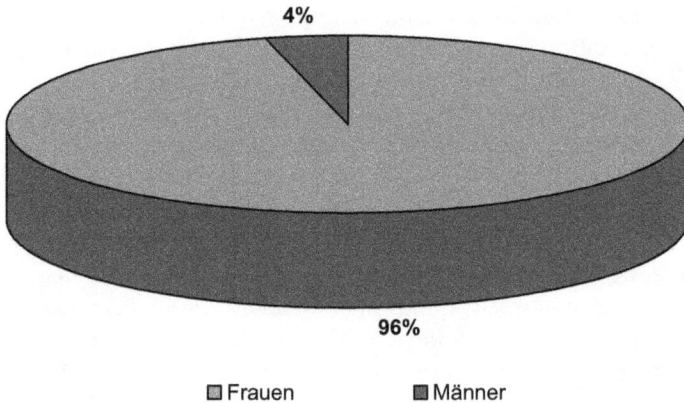

4%

96%

☐ Frauen   ■ Männer

[aus: Schirrmacher, 2003, S.6]

Diese Grafik zeigt, dass 96% aller beratenen Personen weiblich sind. Lediglich in drei Fällen waren Ehemänner und in zwei Fällen Söhne betroffen. Somit waren 98% aller Täter Männer.

Die Ergebnisse der Täter-Opfer-Beziehung zeigten, dass sich 52% aller Fälle zwischen Ehepartnern ereigneten. Ca. 34% der Opfer waren nicht verheiratet mit dem Partner, wobei sich 12% davon gerade in einer Trennungsphase befanden. 14% aller Fälle ereigneten sich zwischen Ex-Partnern.

Abbildung 2 Täter-Opfer-Beziehung

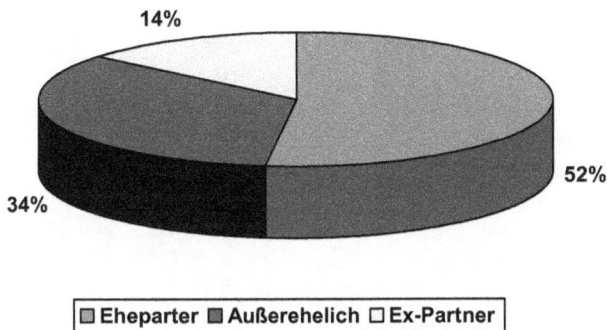

[aus: Schirrmacher 2003, S.7]

64% (n=106) aller Opfer wurden geschlagen oder körperlich misshandelt und in 7% aller Fälle handelte es sich dabei um einmalige Vorkommnisse, d. h., dass 93% aller misshandelten Opfer mehrfach die Erfahrung von Gewalt machen mussten.

Wie gut die Zusammenarbeit von Polizei und BISS-Stellen funktioniert, zeigen die folgenden Zahlen. 84% (n=106) aller BISS-Fälle wurden von der Polizei weitervermittelt. Die verbleibenden 16% wurden von anderen Beratungseinrichtungen weiter verwiesen, oder die Frauen wurden durch gute Public Relations auf die BISS Tätigkeit aufmerksam. [Schirrmacher 2003, S.7]

In vielen Fällen wird die Gewalttätigkeit des Täters nicht durch den Abbruch der Beziehung beendet. „In zunehmendem Maße erweisen sich auch unzumutbare Belästigungen wie ständiges Verfolgen und Nachstellen, so genanntes Stalking, als eine Form der Gewalt gerade in (Ex-) Partnerbeziehungen, [...]. "[Fladung 2002, S.6]

Diese Form der Gewalt, d. h., die Definition von Stalking, welche Tätertypen es gibt, warum jemand „stalked", was für Auswirkungen diese Art der Gewalt auf die Opfer hat und welche Handlungsmöglichkeiten die Opfer haben, soll in den nun folgenden Kapiteln betrachtet werden.

3 Stalking

In diesem Kapitel lege ich die Grundzüge des Stalkings dar. Dazu definiere ich zuerst den Begriff Stalking und gehe näher auf die Vorgeschichte des Stalkings ein. Ferner werde ich die Verbreitung des Phänomens Stalking in den USA, Großbritannien und Deutschland darstellen. Darüber hinaus werde ich in diesem Kapitel auf die typischen Stalking-Handlungen eingehen und diese näher erläutern.

3.1 Begriff

Der Begriff des Stalkings ist in Deutschland noch relativ unbekannt. Lediglich die Institutionen, die direkt mit der Thematik konfrontiert sind, wie zum Beispiel Frauenhäuser, die Justiz oder die Polizei können das Phänomen Stalking einordnen. Aufgrund der Unwissenheit der Gesellschaft ist die Dunkelziffer der Personen, die „gestalkt" werden oder die „stalken" relativ hoch. Viele Betroffene trauen sich nicht zur Polizei zu gehen, um die Tat anzuzeigen, da sie entweder den Fehler bei sich suchen oder Angst haben, nicht ernst genommen zu werden. Wie ernst die Problematik jedoch ist oder sein kann, soll in dieser Arbeit deutlich gemacht werden.
Der Begriff des Stalkings leitet sich vom englischen Verb „to stalk" ab. Dieses kommt aus der Jägersprache und bedeutet „anschleichen, pirschen bzw. einkreisen der Beute. [Bettermann 2004, S.3]
Pechstaedt ergänzt die Begriffserklärung mit Ausdrücken wie „sich schweigend und bedrohlich bewegen" und „in einer bedrohlichen Weise mit langsamen, steifen Schritten gehen" sowie „sich schweigend und bedrohlich bewegen, wie z. B. Angst, die durch die Stadt zieht".
„Kern dieses Syndroms ist die obsessive Fixierung auf einen anderen Menschen, ohne dass dieser dies wünscht oder unterbinden kann. Eine solche gedankliche und sehr häufig auch emotionale Besessenheit manifestiert sich in der Regel in einer Häufung von Kontaktversuchen, die in außergewöhnlicher Intensität von der Zielperson fast immer als bedrohlich empfunden werden."

[Hoffmann 2001, S.34] In der Fachliteratur gibt es aufgrund der verschiedenen Zielrichtungen (Justiz, Beratungsstellen, Ärzte) unzählige Definitionen. Ich beschränke mich auf eine Definition, die meines Erachtens sehr präzise und ausführlich ist.

„Unter Stalking verstehen wir das willentliche und wiederholte Verfolgen oder Belästigen einer Person, deren physische und/oder psychische Unversehrtheit und Sicherheit dadurch bedroht wird. Es handelt sich somit um ein psychologisches Konstrukt, das durch Handlungen gekennzeichnet ist, die einer Schädigung der betroffenen Person zur Folge haben und die dementsprechend als unerwünscht wahrgenommen werden; Sie bewirken bei dem Opfer in der Regel Angst, Sorge und Panik." [Voß 2004, S.37]

3.2 Vorgeschichte

Stalking ist nicht erst wie lange Zeit angenommen eine moderne Straftat, sondern es gibt verlässliche Quellen die belegen, dass im vorigen Jahrhundert beispielsweise in England Fälle bekannt wurden, die man heute zum Tatbestand des Stalkings rechnen kann. Es beginnt meist harmlos. Die betroffene Person erhält mitunter Briefe, E-Mails und wird mit übertriebener Aufmerksamkeit überschüttet. Am Anfang fühlt sie sich meist geschmeichelt und geht auf die Avancen ein. In der Regel stellt die betroffene Person jedoch relativ schnell fest, dass der Verehrer aufdringlich wird und sie Schwierigkeiten hat, wieder Abstand zu gewinnen. Sie sucht verzweifelt nach Ausreden, aber der Bewunderer lässt nicht von seinem Begehren ab und ist letztlich immer präsent. Mittlerweile fühlt sie sich bedroht und bittet ihn oder sie auf Abstand zu gehen. Selbst wenn versprochen wird, diese Bitte zu erfüllen, wird das Versprechen meist gebrochen. Durch die ablehnende Haltung des Opfers, werden aus den Liebesbotschaften schnell Drohbriefe und aus der angeblichen Liebe wird Hass. Wie so ein exemplarisch dargestellter Stalking-Fall in der Realität enden kann, zeigen unzählige Zeitungsmeldungen.

So auch der Fall von der amerikanischen Schauspielerin Theresa Saldana, die 1982 von einem Stalker erstochen wurde und durch die das Prominenten-Stalking populär wurde. Auf diese Form des Stalkings werde ich in Punkt 6.2 ausführlicher berichten. Durch diesen spektakulären Fall rückte das Delikt Stalking 1982 in das Blickfeld der breiten amerikanischen Öffentlichkeit.

Allerdings setzte man den Begriff des Stalkings zu dieser Zeit noch mit dem Begriff der Erotomanie[1] (Liebeswahn) gleich, der zwar nicht gleichbedeutend mit Stalking ist, aus dem sich jedoch Stalking entwickeln kann. Hier besteht das zentrale Wahnthema darin, von einer anderen Person geliebt zu werden, ohne dass diese davon weiß. Meist handelt es sich um eine idealisierte, romantische Liebe oder seelische Verbundenheit. Zu der Zeit gab es den Begriff des Stalkings noch nicht in Deutschland, wenngleich auch mit großer Wahrscheinlichkeit Stalking-Straftaten bereits begangen wurden. Aber auch die USA reagierten 1982 nicht sofort mittels Gesetz auf diesen ersten öffentlichen Fall. Erst nachdem die Schauspielerin Rebecca Schaeffer ermordet worden ist, nachdem sie zwei Jahre von einem obsessiven Fan belästigt und verfolgt wurde, bis er sie im Juli 1989 in ihrer Wohnung erschoss, wurde in Amerika (Kalifornien) 1990 das erste Anti-Stalking-Gesetz verabschiedet. [Pechstaedt 1999, S.2], welches am 01. Januar 1991 in Kraft trat. [Goodnough 2000, S.46]

Seitdem gilt Stalking in den USA als gesellschaftliches Problem [Schumacher 2000, S.25]. Alle 50 amerikanischen Bundesstaaten haben mittlerweile Anti-Stalking-Gesetze verabschiedet und seit 1996 gibt es auch ein Bundesgesetz, welches von Präsident Bill Clinton gezeichnet wurde. Dieses Gesetz besagt: "The victim must

---

[1] Erotomanie: „Ein Wahn ist die krankhaft entstandene Fehlbeurteilung der Realität. An dieser Fehlbeurteilung wird mit absoluter Gewissheit und unkorrigierbar festgehalten, selbst wenn sie im Widerspruch zur Wirklichkeit, zur eigenen Lebenserfahrung und zum Urteil gesunder Mitmenschen steht. So auch beim Liebeswahn. ... Hier besteht das zentrale Wahnthema darin, von einer anderen Person geliebt zu werden, ohne dass diese davon weiß. Meist handelt es sich um eine idealisierte, romantische Liebe oder seelische Verbundenheit. [...] Probleme gibt es erst, wenn der Patient mit dem Betreffendem in (erzwungenen) Kontakt treten will: Telefonanrufe, Briefe...."[http://www.psychosoziale-gesundheit.net/pdf/ liebeswahn.pdf]

be in reasonable fear of the death of, or serious bodily injury to, that person or a member of their immediate family. The definition of "victim" includes any person who is stalked, not only domestic violence victims. Punishment includes up to 5 years in prison for stalking, up to 10 years in prison for stalking with dangerous weapon or if serious bodily injury occurs, up to 20 years if permanent disfigurement or a life. Threatening injury occurs, and life in prison if death results from the stalking." [Saunders 1998, S.36]

Aber nicht nur in den USA, sondern auch in Großbritannien und Australien stellt Stalking einen eigenen Straftatbestand dar.

Lediglich in Deutschland gilt Stalking noch nicht als Straftat. Den Betroffenen bleibt nur die Möglichkeit zivilrechtlich gegen die ,Stalker' vorzugehen. [Bettermann 2004, S.14]. Dadurch dass, das Phänomen Stalking in Deutschland noch nicht so populär ist wie in den USA, kommt es hier jedoch häufig zu einer unbefriedigenden Behandlung der Stalking-Fälle. Oftmals wird erst durch die „Vielzahl der wiederholten Delikte" [Bettermann 2004, S.15] die Schwere des Vergehens deutlich.

Auch anhand der Fachliteratur (hauptsächlich amerikanisch oder englisch) und der empirischen Forschungen zu diesem Thema wird deutlich, dass die Amerikaner bereits viel umfassender und intensiver auf diesem Gebiet geforscht haben.

Doch auch in Deutschland nimmt das wissenschaftliche Interesse an dieser Thematik stetig zu. Erstmalig erschien 1999 eine wissenschaftliche Publikation zum Thema Stalking (von Pechstaedt 1999) und seitdem sind zahlreiche Forschungsprojekte ins Leben gerufen worden. Unter anderem gibt es eine „Arbeitsgruppe Stalking", die an die Arbeitsstelle für forensische Psychologie der Technischen Universität Darmstadt angegliedert ist. Diese Arbeitsgruppe hat im Rahmen einer empirischen Internet-Untersuchung 510 Stalking-Opfer befragt. Weitere 40 Opfer wurden per Telefon interviewt.

Weiterhin ist die Kriminologische Studienwoche der Uni Hamburg zum Thema Stalking zu erwähnen, die gezeigt hat, dass Stalking auch in Deutschland ein ernst zu nehmendes Phänomen ist. Diese Studienwoche hat nicht nur direkt die Fachwelt Deutschlands erreicht, sondern es wurden zu diesem Zeitpunkt vermehrt Berichte über Stalking in den Medien ausgestrahlt, wodurch auch die breite Öffentlichkeit über die Materie informiert wurde. [Bettermann 2004, S.8]

3.3 Prävalenz und Verbreitung

Anders als in den USA gibt es in Deutschland zurzeit noch sehr wenig statistische Erhebungen über das Verhalten von Stalkern bzw. über das Phänomen Stalking. In den USA gibt es aufgrund ihrer längeren Vorgeschichte bereits viele groß angelegte Studien bezüglich dieses Phänomens.

Das U.S. Department of Justice hat 1998 im Rahmen einer nationalen Umfrage zu Gewalt gegen Frauen, dem so genannten „National Violence Against Women Survey", herausgefunden, dass bei sechzehntausend telefonisch befragten Bürgern (8000 Frauen und 8000 Männer) acht Prozent aller Frauen und zwei Prozent aller Männer in ihrem Leben einmal Opfer einer Stalking-Straftat wurden. [Voß/Hoffmann 2002, S. 6] Von diesen befragten Personen gaben 0,4% aller Männer und 1% aller Frauen an, in den letzten zwölf Monaten von Stalking betroffen gewesen zu sein. [Tjaden/Thoennes 1998, S.3]

Tabelle 4 Persons Stalked in Lifetime in USA

Group	Percentage	Estimated Number
Men (N=8,000)	2.2	2,040,460
Women (N=8,000)	8.1	8,156,460

a. Differences between men and women are significant at ≤ .001.
b. Based on estimates of men and women aged 18 years and older, U.S. Bureau of the Census, Current Population Survey, 1995
[aus: Tjaden/Thoennes 1998, S.3]

Tabelle 5 Persons Stalked in Previous 12 Month

Group	Percentage	Estimated Number
Men (N=8,000)	0.4	370,990
Women (N=8,000)	1.0	1,006,970

a.   Differences between men and women are significant at ≤ .001.
b.   Based on estimates of men and women aged 18 years and older, U.S. Bureau of the Census, Current Population Survey, 1995
[aus: Tjaden/Thoennes 1998, S.3]

1998 wurde auch in Großbritannien im Rahmen des British Crime Surveys eine empirische Studie durchgeführt. Der British Crime Survey ist eine nationale repräsentative Studie von Erwachsenen ab 16 Jahren, die ihren Wohnsitz in England oder Wales haben. Diese Studie will die Ausbreitung von kriminellen Aktivitäten in den genannten Ländern ermitteln. In der Regel werden hierfür persönliche Interviews durchgeführt, seit 1992 besteht auch die Möglichkeit einige Fragen interaktiv am Computer zu beantworten, was zu größeren Rücklaufquoten geführt hat, da die Befragten sich geschützter und privater in der Beantwortung ihrer Fragen fühlten. Die Rücklaufquote dieses Crime Surveys betrug insgesamt 76 %, wobei sich die Rücklaufquote der persönlichen Interviews über 79 % und die anonyme Befragung über 97% belief. Es wurden insgesamt 9988 Personen im Alter von 16 bis 59 Jahren befragt. Von allen Befragten wurden 11,8 % in ihrem Leben einmal Opfer ungewollter Aufmerksamkeit. Die Zahl der betroffenen Frauen war im Vergleich zu den Männern höher. 16,1 % aller Frauen und 6,8 % aller Männer waren betroffen. Insgesamt waren somit ¾ aller Opfer weiblich.
2,9 % aller befragten Personen waren innerhalb der letzten 12 Monate vor dem Interview belästigt worden. Wenn man dieses Ergebnis auf die Gesamtbevölkerung Englands und Wales übertragen würde, würde es bedeuten, dass beinahe 0,9 Millionen Erwachsene mindestens einen Stalking-Vorfall im Jahr vor der Durchführung der repräsentativen Umfrage durchlebt haben. Was wiederum auf das Geschlechterverhältnis verteilt bedeuten würde,

dass 0,61 Millionen Frauen und 0,27 Millionen Männer Opfer waren. Diese Zahlen basieren auf der weitläufigen Definition von Stalking, welche permanente und ungewollte Aufmerksamkeit einschließt. [Budd/Mattinson 2000, S.5]

Tabelle 6 Last Year prevalence and estimated number of victims England/Wales

	Women	Men	All
Percent victims in last year			
Any persistent and unwanted attention	4,0	1,7	2,9
Distress or upset caused	3,7	1,3	2,6
Fear of violence	2,7	0,9	1,9
Best estimate of number of victims in last year (in millions)			
Any persistent and unwanted attention	0,61	0,27	0,88
Distress or upset caused	0,57	0,20	0,77
Fear of violence	0,41	0,14	0,55

Notes:
1. Source: 1998 British Crime Survey and ONS mid 1998 population estimates. The estimates are subject to sampling error.
2. Distress or upset are those incidents in which the victim was very, fairly or a little distressed.
3. Fear incidents are those in which the victim was threatened with violence, violence was used or the victim was very, fairly or a little afraid violence would be used.

[aus: Budd/Mattinson 2000, S.6]

Man kann anhand dieser Studie feststellen, dass nicht nur ein Unterschied im Geschlechterverhältnis besteht (73% aller Opfer sind weiblich, nur 27% männlich), sondern dass die „Opferhäufigkeit" auch altersabhängig ist.

¼ aller Interviewten zwischen 16 und 19 Jahren wurden in ihrem Leben gestalkt und im Vergleich dazu nur jede zehnte Frau im Alter zwischen 55 und 59 Jahren. [Budd/Mattinson 2000, S.9]

Abbildung 3 Lifetime (since the age 16) prevalence, by age and sex

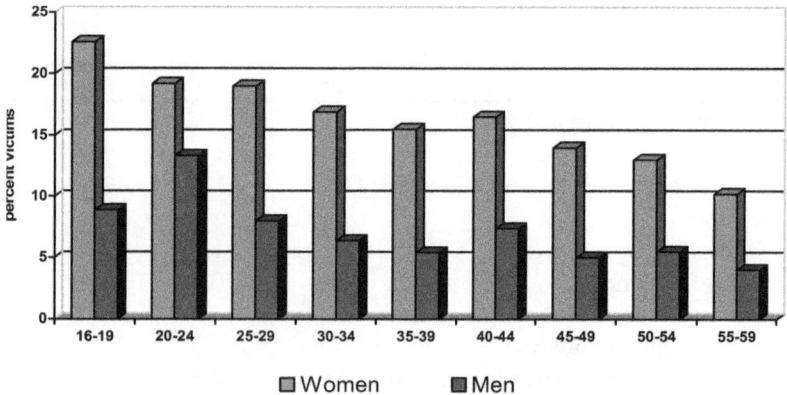

[aus:Budd/Mattinson 2000, S.10]

Vergleicht man das Stalking Vorkommen in den USA (NVAW Survey) und in Großbritannien (BCS) scheint auf den ersten Blick die Stalking-Problematik in Großbritannien größer zu sein als in den USA. Allerdings wurden bei den Befragungen unterschiedliche Definitionen von Stalking vorgegeben. In Großbritannien wurde der Aspekt der Beängstigung vollkommen außer Acht gelassen, wohingegen der Faktor Angst in den USA stark ausgeprägt sein musste. Davon ausgehend sind die ersten beiden Spalten nicht direkt vergleichbar. Die USA hat jedoch eine weitere Untersuchung durchgeführt, wo sie den Aspekt der Angst minimiert hat, sodass auch Personen, die gestalkt wurden, sich jedoch nicht fürchteten, mit in die Ergebnisse eingingen. Die Ergebnisse der BCS und die Ergebnisse des NVAW Survey mit der Low fear definition, kann man somit mit der Untersuchung aus Großbritannien sehr gut vergleichen. Es wird gezeigt, dass Stalking in den unterschiedlichen Ländern gleich häufig vorkommt.

Tabelle 7 The 1998 and 1995/1996 NVAW Survey results

Percentage victims	BCS (England and Wales) No fear requirement	NVAW Survey (United States) High fear definition	NVAW Survey (United States) Low fear definition
Lifetime prevalence			
Women	16.1	8.1	12.0
Men	6.8	2.2	4.0
Last year prevalence			
Women	4.0	1.0	6.0
Men	1.7	0.4	1.5

[aus: Budd/Mattinson 2000, S.100]

3.4 Die häufigsten Stalking-Handlungen

Die „Arbeitsgruppe Stalking" der TU Darmstadt, hat zu diesem Themenschwerpunkt erste Ergebnisse für Stalking-Handlungen in Deutschland ermittelt. Um viele Personen aus der Normalpopulation zu erreichen, hat die Arbeitsgruppe überwiegend das Medium Internet eingesetzt, um eine „breit gefächerte Stichprobe zu gewinnen." [Wondrak 2004, S.23] Hierzu wurde eine Projekthomepage eingerichtet, wo die eingestellten Fragebögen anonym heruntergeladen und ausgefüllt werden konnten. Zusätzlich wurden aber auch auf dem Postweg Fragebögen versandt, um auch Personen zu erreichen, die keinen Internetzugang haben.

Der Fragebogen als Messinstrument wies sowohl offene, als auch geschlossene Fragen auf. Er bestand aus drei Teilen mit insgesamt 147 Fragen. Der erste Teil war der allgemeine Teil, in dem es um die zeitliche Einordnung, den Tatverlauf, die Art der Kontaktaufnahme und andere typische Verhaltensweisen des Stalkings ging. Dieser Teil umfasste insgesamt 32 geschlossene Fragen. Im zweiten Teil ging es um die Beziehung zwischen dem Betroffenen und dem Stalker. Dieser Bereich umfasste 69 Fragen. Bei dem dritten Teil der Befragung, der 46 Fragen enthielt, standen die Reaktionen im Umgang der Betroffenen mit Stalking im Vordergrund. Hierbei wurden unter anderem Fragen nach den Auswirkungen des Stalkings auf das psychische und physische Befinden untersucht.

Die Stichprobe dieser Umfrage bestand aus 398 Personen im Alter zwischen 15 und 60 Jahren, wobei das Durchschnittsalter bei 35 Jahren lag. Bei dieser Umfrage waren deutlich mehr weibliche als männliche Teilnehmer. Vier von fünf Teilnehmern waren Frauen. Hierbei zeigte sich deutlich, dass die Stalker hauptsächlich mit dem Telefon ihre Opfer belästigen. Aber auch das eigentliche „wörtliche" Verhalten eines Stalker, wie sich anpirschen und verfolgen, schlägt sich in dem Ergebnis nieder. 68 % aller Befragten wurden von ihrem Peiniger beobachtet, indem er sich ständig in ihrer Nähe aufhielt und sie seine Präsenz spüren konnten. Stalker versuchen häufiger den Kontakt über Dritte aufzunehmen, um so an Informationen aus dem Lebensbereich ihres Opfers heranzukommen. So bestätigt es die Darmstädter Umfrage, in der 65 % aller Interviewten dieser Verhaltensweise zustimmten.

Der Aspekt der elektronischen Mails und der SMS`s wird in nächster Zeit noch einen größeren Stellenwert einnehmen. Diese Art des Stalkings bezeichnet man auch als Cyberstalking. Da man diesen Bereich nicht mit einer Zeile beschreiben kann, gehe ich in Punkt 3.4.6 näher darauf ein. Diese Art der Kommunikation endet häufig mit verbalen Aggressionen, wohingegen Gewalttätigkeiten, wie das Eindringen in die Wohnung des Opfers oder das Beschädigen von Eigentum nicht nur psychisch gefährlich sein können, sondern auch physisch. Hierbei hat die Polizei jedoch bessere Möglichkeiten zu intervenieren, da in einem solchen Fall Straftaten nach dem StGB vorliegen. Es lässt sich feststellen, dass 1/3 aller Befragten von Beschädigungen betroffen waren und 1/5 aller Opfer von Einbruchsdelikten wurden.

Tabelle 8 Stalking Verhaltensweisen in Prozent

Stalking Verhaltensweisen	In Prozent der Befragten*
Telefonanrufe	85
Herumtreiben in der Nähe	68
Kontaktaufnahme über Dritte	65
Im Umfeld fragen nach Betroffener	55
Vor Haustür stehen	54
Briefe	50
SMS	47
Nachlaufen	44
Geschenke	43
Wortloses Dastehen/-sitzen	39
Nachrichten an Autofenster, Haustür	35
E-Mails	35
Verfolgen mit dem Auto	35
Beschädigung von Eigentum	26
Eindringen in die Wohnung	18
Schockierende Dinge verschicken	13
Bestellungen von Waren/Dienstleistungen im Namen des Betroffenen	10

*Mehrfachnennungen möglich
[vgl. Wondrak 2004, S.27]

Ähnliche Ergebnisse spiegeln sich auch in dem Ergebnis des British Crime Survey aus dem Jahre 1998 wider, wobei bei dieser Untersuchung auch detaillierter nach körperlicher Gewalt gefragt wurde. So geht aus dem British Crime Survey auch hervor, dass 2% aller Befragten, Opfer von sexuellen Übergriffen wurden, dass 6% aller körperlich berührt wurden und dass sogar 8% aller Befragten, Opfer physischer Gewalt wurden.

Abbildung 4 Percentage of victims that experienced each type of unwanted
and persitent attention more than 10 times (British Crime Survey)

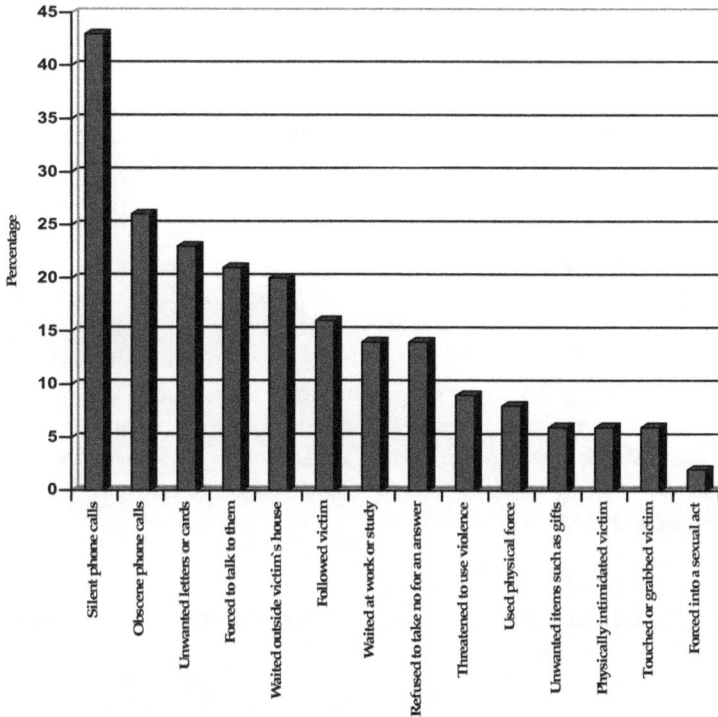

[aus: Finch 2001, S.39]

Mit welchen Mittel Stalker versuchen ihre Opfer zu terrorisieren,
werde ich in den nächsten Kapiteln näher beschreiben. Hierbei
beschränke ich mich auf Taten, die statistisch gesehen am häufigsten
vorkommen, wie man der Tabelle 8 und der Abbildung 4

entnehmen kann. Dabei ist auffällig, dass sich die Taten in Deutschland und in Großbritannien sehr ähneln. Länderübergreifend ist die große Anzahl an Belästigungen durch das Telefon zu benennen.

3.4.1 Telefonterror

Wie man aus der oben aufgeführten Tabelle entnehmen kann, zählt der Telefonterror zu der häufigsten Form des Stalkings. Unter Telefonterror versteht man Anrufe, die häufig und unerwünscht eintreten und der Anrufer sich dabei nicht meldet, bzw. kurz nach dem Abheben wieder auflegt und somit seine Identität nicht preisgibt. Viele dieser Anrufe geschehen auch zu Ruhezeiten, insbesondere nachts und werden dadurch zu einer ungeheueren Belastung. Selbst wenn der Anrufbeantworter aktiviert ist, schützt dies nicht vor bedrohlichen Anrufen. In solchen Fällen werden häufig Beleidigungen oder obszöne Nachrichten hinterlassen. Oftmals wird nicht nur die eigentliche Zielperson Opfer eines Stalking Übergriffes, sondern es werden auch Dritte in Mitleidenschaft gezogen, die mit dem eigentlichen Opfer in Beziehung stehen, wie zum Beispiel Eltern, Geschwister oder Freunde. [Von Pechstaedt 1999, S.30]

3.4.2 Verfolgung, Annäherung und unerwünschte Kommunikationsversuche

Bei der Verfolgung wartet der Stalker nicht nur vor dem Haus, sondern geht oder fährt hinter seinem Opfer her, um es einzuschüchtern. Aber auch in diesem Fall wird nicht unbedingt das Opfer selbst verfolgt, es kann ebenso Dritte betreffen. So gab es bereits Fälle, wo die Kinder des Opfers bis zur Schule verfolgt wurden. [Von Pechstaedt 1999, S.30]

3.4.3 Demonstrative ständige Anwesenheit

Der Unterschied zu Punkt 3.4.2 liegt hier in dem demonstrativen Charakter. Der Stalker will entdeckt werden. Dazu zählt zum Beispiel auch das Auf- und Abgehen vor dem Haus oder vor dem Arbeitsplatz, was die Betroffenen selbst oder andere nicht übersehen können. [Von Pechstaedt 1999, S.30]

3.4.4 Drohung und Bedrohung

Drohungen kommen fast in jedem Stalking Fall vor. Entweder soll das Opfer eingeschüchtert werden, oder der Täter will mit der Drohung eine Rückkehr des Opfers in die gemeinsame Beziehung bewirken. Die Drohungen können über die üblichen Kommunikationsmittel wie Telefon, Internet, Brief, etc. geschehen, aber auch mittels einer Waffe bei direkter Konfrontation zwischen Opfer und Täter stattfinden. Hier gibt es zwei Formen von Drohungen. Bei der einen Form handelt es sich um eine ausdrückliche Drohung. Dabei spezifiziert der Täter z. B. Todesdrohungen, indem er explizit beschreibt, wie das Opfer sterben wird. Die andere Form der Bedrohung ist die konkludente, wobei der Täter z.B. Anspielungen auf Pistolen macht, oder in einigen Fällen auch symbolische Tatwerkzeuge oder Symbole des Todes zugesandt werden. [Von Pechstaedt 1999, S.30]

3.4.5 Körperliche Übergriffe

Diese Form des Stalkings kommt relativ selten zum Tragen. Wenn sie vorkommt, tritt sie in Form von Tritten, Schlägen und insbesondere sexuellen Angriffen auf. Diese körperlichen Übergriffe können auch den Tod des Opfers zur Folge haben.

3.4.6 Cyberstalking

Cyberstalking steht in der oben aufgeführten Tabelle an Stelle vier und der Stellenwert dieser Art der Belästigung ist durch die rapide Entwicklung der technischen Möglichkeiten noch nicht abschätzbar. Da E-Mail und das Internet eine modernere und immer populärer werdende Form der elektronischen Kommunikation darstellt, gehe ich ausführlicher darauf ein. Diese Form des Stalkings wird zukünftig einen höheren Stellenwert bekommen. Insbesondere die heranwachsende Gesellschaft kommuniziert in schriftlicher Form häufig über das Internet, wodurch eine ganz neue Plattform für kriminelle Machenschaften geschaffen wurde. Für die Stalker ist in vielerlei Hinsicht das Versenden von E-Mails von Vorteil, da es auf der einen Seite noch keine hinreichenden gesetzlichen Vorschriften gibt, um dieses Tun als Straftat zu ahnden, und der Stalker auf der anderen Seite die Möglichkeit hat, seinen Absender zu verstecken, da er von jedem beliebigem Computer E-Mails verschicken kann, somit weitestgehend unbekannt bleibt und sich in der Sicherheit seiner Anonymität wiegt. Des Weiteren hat jeder Nutzer des Internets die Möglichkeit, eine E-Mail-Adresse einzurichten, ohne seine wahre Identität preiszugeben.

Die Opfer werden nicht nur direkt per E-Mail geschädigt, sondern die Täter agieren auch unter falschem Namen in Chatrooms oder sie verbreiten unzutreffende Behauptungen über die Opfer, um sie damit zu degradieren. Zum Teil geht es hierbei so weit, dass die Täter auch Nacktfotos ihrer Opfer ins Netz stellen, um ihre Opfer sozial zu degradieren. [Jura-Uni-Bonn 2004] Aber nicht nur die eigenen Nacktfotos stellen eine Belästigung dar, sondern auch das ständige Empfangen von pornografischen Mails. Schätzungen zufolge gibt es in den USA jährlich 100.000 Opfer des Cyberstalkings, wovon die Mehrheit weiblich ist. Davon ausgehend kann behauptet werden, dass 20 Prozent aller Stalking Delikte Formen des Cyberstalkings annehmen. Das bedeutet, dass durch die Nutzung des Internets Stalking noch weiter verbreitet ist als vorher. Dies kann zum einen an der Anonymität, die die Täter im Internet genießen und zum anderen auch an dem Verlust von Empathie gegenüber dem Opfer, da der Täter es nicht sieht und nur über das Medium des Computers kommuniziert und sich somit nicht in einer realen Welt befindet. Hierbei wird die Hemmschwelle herabgesetzt. Hinzu kommen noch die unbefriedigenden Gesetze diesbezüglich, sodass man für diese Art von Delikten nicht oder nur unzureichend bestraft werden kann. Bisher hat lediglich Hessen einen Gesetzesentwurf vorgelegt, der auch Cyberstalking als eigenen Straftatbestand ansieht. [Jura-Uni-Bonn 2004] In den USA gibt es bereits in fünf Bundesstaaten Gesetze gegen Cyberstalking. Die Höchststrafe für Cyberstalking in den USA beträgt zurzeit fünf Jahre Freiheitsstrafe.

3.4.7 Überwachung und Beobachtung

Bei dem E-Mail-Terror tritt der Stalker selten seinem Opfer persönlich entgegen. Anders ist es bei der Überwachung und der Beobachtung. Diese Stalking-Handlung ist eine der Häufigsten. Hier wird der Tagesablauf des Opfers in Augenschein genommen. In vielen Fällen wird die Wohnung oder der Arbeitsplatz beobachtet, wodurch das Opfer eine ständige Präsenz des Täters zu spüren bekommt. Durch das Kennen des Tagesablaufes des Opfers kann der Täter seinen Drohungen Nachdruck verleihen.
Bei dieser Form des Psychoterrors will der Stalker nicht entdeckt werden; es geschieht vieles im Verborgenen, um die Erkenntnisse bei anderen Gelegenheiten einzusetzen. Eine ähnliche Form der Verfolgung ist die demonstrative ständige Anwesenheit. [Pechstaedt 1999, S.30]

3.4.8 Zusenden bzw. Hinterlassen bestimmter Mitteilungen o. Gegenständen

Die Zusendung von schriftlichen Mitteilungen umfasst Briefe, Notizen und Mitteilungen auf einzelnen Zetteln. Diese werden entweder auf dem normalen Postweg versandt oder können auch einfach an der Windschutzscheibe des Autos befestigt werden. Bei den Schriftstücken kann es sich wie auch schon bei den E-Mails um Liebesbriefe oder um „Hasspost" handeln. [Von Pechstaedt 1999, S.30]

3.4.9 Vermögens- und Eigentumsschädigung

Unter dieser Form von Belästigung versteht man zum Beispiel Beschmutzungen und Beschädigungen von Eigentum des Opfers, bis hin zur Tötung des Haustieres. Beschädigungen und Beschmutzungen von Eigentum sind u. a. Farbschmierereien an dem Haus bzw. an der Wohnung und das Gießen von Öl über das Auto. Es können auch schwerwiegendere Formen vorkommen, wie z. B. das Zerstechen von Autoreifen oder die Manipulationen der Bremsen am Auto.

Unter Vermögensschädigungen versteht man Schädigungen, die dem Opfer finanziellen Schaden zufügen. So kann der Täter das Opfer z. B. unberechtigterweise verklagen und zwingt ihn somit sich auf einen kostenintensiven Rechtsstreit einzulassen. Aber auch kleinere Vergehen, die wenn sie häufiger Vorkommen zumindest großen Ärger verursachen, sind im Namen des Opfers aufgegebene Dienstleistungen, wie zum Beispiel das Rufen des Pizza-Bringdienstes oder das Bestellen eines Taxis. Das Opfer muss die Leistungen zwar nicht erbringen, da kein Vertrag mit ihm zustande gekommen ist, hat jedoch Ärger und ist jedes Mal in der Beweispflicht, dass es die Leistung nicht in Auftrag gegeben hat. In seltenen Fällen gehen die Täter so weit, dass sie in der Wohnung des Opfers einbrechen, um private Dinge zu entwenden. [Von Pechstaedt 1999, S.30]

4 Theorien zur Erklärung des Stalkings

In diesem Abschnitt der Arbeit geht es um mögliche Erklärungs-
ansätze des Phänomens Stalking. Hierbei setze ich mich mit der
Bindungstheorie und mit der Objektbeziehungstheorie näher aus-
einander, die nach Meinung Meloys eine gute Erklärungsbasis für
das Stalker-Verhalten darstellen.
Um weiter Ursachenforschung zu betreiben, gehe ich in diesem
Zusammenhang noch auf die narzisstische und die Borderline-
Persönlichkeitsstörung ein.

4.1 Allgemeines

Wenn man die unterschiedlichen Verhaltensweisen und Gemütszustände verschiedener Stalker-Typen untersucht, muss man
feststellen, dass es nicht möglich ist alle Typen „unter dem Dach
einer einzigen Theorie zu subsumieren" [Voß 2004, S.39], sondern
dass es eine Reihe theoretischer Ansätze gibt, die eine mögliche
Erklärung für das Stalker-Verhalten bieten. Bisher ist die Stalking-
Forschung zu dem Ergebnis gekommen, dass insbesondere beim
Stalker selbst eine Psychopathologie vorliegen muss, die von Fall zu
Fall unterschiedliche Auslöser haben kann. Unter anderem kann es
aus einer Fehlentwicklung seiner frühkindlichen sozial-emotionalen
Entwicklung resultieren; was nicht heißt, dass alle Personen, die
Fehlentwicklungen ihrer frühen Kindheit aufweisen, zu Stalkern
werden.
Die am meisten zitierten Theorien zur Erklärung einer möglichen
Pathologie des Stalkings sind die Psychodynamische Objekt-
beziehungstheorie und die Bindungstheorie, auf die ich in den
nächsten Punkten näher eingehen werde.

4.2 Psychoanalytische Objektbeziehungstheorie (Object Relations Theory)

Die psychoanalytische Theorie ist auf Sigmund Freud zurückzuführen. Nach Freud wird die menschliche Psyche auf der einen Seite durch die ererbten Prinzipien und auf der anderen Seite durch die Erlebnisse der frühen Kindheit bestimmt. Schon in frühester Kindheit wird das Verhalten durch den Selbsterhaltungstrieb und das Suchen nach schönen Empfindungen, die man nicht erlernen muss, gesteuert. Kinder durchleben Konflikte und machen negative Erfahrungen, z. B. bei Verboten der Eltern, wodurch ihre spätere Persönlichkeit bereits in einem so frühen Stadium festgelegt wird. Erleben und Verhalten sind determiniert von unbewussten, untereinander interagierenden psychischen Kräften. [Zimbardo 1996, S.652].

„Die Theorie der Objektbeziehungen ist eine psychoanalytische Theorie, die den Schwerpunkt auf die Wichtigkeit der frühesten Beziehungen mit signifikanten anderen verlegt, als Bausteine zur Konstruktion der dreiteiligen Struktur von Ich, Über-Ich und Es. Genauer gesagt, von Geburt an werden unsere Beziehungen mit signifikanten anderen unter der Einwirkung starker Affekte als affektive Erinnerung verinnerlicht. Diese grundlegenden affektiven Erinnerungen enthalten die Repräsentationen des Selbst, die Repräsentationen des anderen, in der Objektbeziehungstheorie als „Objekte" bezeichnet, und den dominanten Affekt, der sie verbindet." [Kernberg 2004]

Die Objektbeziehungstheorie geht ähnlich wie die Bindungstheorie davon aus, dass Verhaltensstörungen bei Erwachsenen die Konsequenz von gestörten Beziehungsentwicklungen in der Kindheit sind. Hierbei wird ein besonderes Augenmerk auf die Beziehung zur primären Bezugsperson, die in der Regel die Mutter ist, gelegt. [Kienlen 1999, S.54]

Über die Interaktion mit der Mutter, aber auch mit der jeweiligen sozialen Umwelt, entwickelt das Kind im Laufe der Zeit relativ gleich bleibende Vorstellungen und Einstellungen über sich selbst, wobei es sich selbst als wertvoll und vertrauenswürdig empfindet. Zusätzlich erwirbt das Kind eine gleichwertige widerspruchsfreie Darstellung der primären Bezugsperson (Mutter) als ebenfalls verlässlich und vertrauenswürdig, wodurch es in die Lage versetzt wird, unabhängig von der Mutter zu funktionieren, das heißt, ohne Beisein der Mutter zu handeln und seinen Lebensbereich zu entdecken. [Voß 2004, S.42]. Man spricht hier von dem Prozess der Trennung, das heißt von der Loslösung der Bindungsperson(en), um somit Autonomie zu erlangen und sein Selbst aufzubauen. Wenn das Ziel des Prozesses, das heißt die Balance zwischen Trennung auf der einen Seite und auf der anderen Seite das weiterhin bestehende Bedürfnis nach Nähe zur Bezugsposition nicht erreicht wird, kommt es nach dieser Theorie zu „dysfunktionalen Handlungsmustern des Kindes". [Voß 2004, S.42] Diese Kinder zeigen häufig ambivalente Verhaltensmuster. Auf der einen Seite leiden sie unter starken Trennungsängsten von ihren Bezugspersonen und auf der anderen Seite reagieren sie häufig mit Abwehr und aggressiver Zurückweisung derselben. [Voß 2004, S.42] Sie werden sich auch im Erwachsenenalter ähnlich verhalten. Ihre Reaktionen auf andere können entweder bestrafend und zurückweisend, aber auch unterwürfig und idealisierend sein. Diese Reaktionen kennzeichnen ebenfalls einen Stalker. Stalker sind oft in einem Spannungszustand zwischen der extremen Idealisierung des Partners auf der einen Seite und der absoluten Abwertung derselben Person auf der anderen Seite. Deswegen wird in der Psychoanalytischen Objektbeziehungstheorie die These aufgestellt, dass Gewaltanwendung und Missbrauch in Beziehungen eine Auswirkung von nicht gelungenen Verarbeitungen in der früh-kindlichen Phase sind. Diese Kinder haben nicht gelernt mit ambivalenten Gefühlen gegenüber ihren Bezugspersonen umzu-gehen und somit, wie bereits oben erläutert, eine gesunde Distanz zu diesen Personen aufzubauen. Die Erfordernisse für das Erwachsenendasein sind die Phasen des Alleinseins, denen man auch als Erwachsener zwangsläufig aus-geliefert ist zu tolerieren, sowie die Angst vor Trennungen abzulegen. [Voß 2004, S.43]

4.3 Bindungstheorie (Attachment Theory)

Die auf Bowlby (1958, 1969) zurückgehende Bindungstheorie besagt, dass ein Säugling im Laufe seines ersten Lebensjahres auf der Basis eines biologisch vorgegebenen Verhaltenssystems eine starke emotionale Bindung zu jener Person entwickelt, die ihn primär versorgt. Die evolutionsbiologische und –psychologische Bedeutung der Bindungsperson besteht darin, den Säugling gegenüber Bedrohungen zu schützen und ihm ein Sicherheitsgefühl, sowie Geborgenheit vermitteln. Diese Schutzfunktion der Bindungsperson ist für den Säugling und das Kleinkind von lebenserhaltender Bedeutung. Das Bindungsverhalten drückt sich ganz besonders im Festklammern, Trennungsprotest, Weinen und Nachlaufen aus. Dieses Verhalten wird vor allem durch Verlust oder vorübergehende Trennung von der jeweiligen Bindungsperson, in neuen Situationen, bei Unfällen und in Zeiten, wo eine situative Bedrohung vorliegt, ausgelöst. Bindungen entstehen nicht nur zu einer Person, z.B. zu der Mutter, sondern auch zu allen anderen Personen, mit denen der Säugling/das Kind im Tagesablauf kontinuierlich Kontakt hat. Die hierarchische Reihenfolge, in der die weiteren Bindungspersonen aufgestellt werden, entscheidet der Säugling bzw. das Kind selbst, wenn das Bindungsverhalten wirksam ist. [Brisch 2002, S. 46] Entwicklungspsychologen sind aufgrund dessen der Meinung, dass eine feste Bindung eine positive Wirkung auf die kindliche Entwicklung hat [Zimbardo 1996, S.486], die auch Auswirkungen auf das Handeln von Erwachsenen hat. In frühester Kindheit wird eine Basis geschaffen, von der aus das Kind soziale Kontakte herstellen kann. [Kienlen 1998, S.52] Nach Abschluss dieser „Bindungsgenese" bauen Kinder in der Regel ein Beziehungsmodell auf, welches die Bindungsqualitäten späterer Beziehungen, zu Erwachsenen aber auch zu den eigenen Kindern, bestimmen wird. [Voß 2004, S.40] Auch Meloy hat die These aufgestellt, dass das Bindungsverhalten in der Kindheit in direktem Zusammenhang mit dem Beziehungsverhalten im Erwachsenenalter steht. [Kienlen1998, S.52] Das Fehlen oder das Gestörtsein der Bindungsgenese in der Kindheit kann dazu führen, dass man im Erwachsenalter keine befriedigenden Beziehungen führen kann, [Voß 2004, S.40] und dass bestimmte Formen von Beziehungsmustern pathologische Formen, wie z. B. Stalking so begünstigt werden. „So können beispielsweise, die bei Stalkern oftmals beobachteten Ärger- und Wutreaktionen – zuweilen bis zur Gewalttätigkeit eskalierend – als Folge einer Zurückweisung des Stalkers, auf den Hintergrund eines negativen Selbstbildes, infolge pathologischer Bindungsmuster „erklärt" werden." [Voß 2004, S.41] Voß betont, dass der bindungstheoretische Ansatz zur Erklärung des Stalking-Phänomens von zwei Prämissen ausgeht.

1. Durch eine gestörte Entwicklung im „Aufbau des Bindungssystems in der frühen Kindheit" entsteht eine „Prädisposition für das Stalking im Erwachsenenalter und" [Voß 2004, S.41]

2. wenn eine Person mit Erlebnissen konfrontiert wird, die „mit den früher erfahrenen psychischen Verletzungen (traumatische Erlebnisse) im Zusammenhang stehen oder diese in gewisser Weise wiederbeleben", kann es zur Auslösung des Stalking-Verhaltens kommen. [Voß 2004, S.41]

Um die gestörte Entwicklung im Aufbau des Bindungssystems in der frühen Kindheit näher zu erläutern, stelle ich das von Atkinson entwickelte Vier-Typen Modell von Bindungen dar. Dieses Modell zeigt, welche Auswirkungen Bindungen, Trennungen und Verluste in persönlichen Beziehungen haben können.

Abbildung 5 Model of Self (Dependence)

	Positive (low)	Negative (high)
Positive (low)	Secure Attachment	Preoccupied Attachment
Negativ (high)	Dismissing Attachment	Fearful Attachment

Model of other (Avoidance)

Die erste Kategorie (*Secure Attachment*) dieses Modells beinhaltet ein positives Selbstkonzept, sowie ein positives Bild von anderen. Kinder, die unter diesen Umständen groß geworden sind, haben im Erwachsenenalter die Möglichkeit eine vertrauensvolle und liebevolle Partnerschaft einzugehen.

Die zweite Kategorie (*Preoccupied Attachment*) umfasst eine positive und eine negative Komponente. Individuen mit dieser Form der frühkindlichen Bindung haben ein geringes Selbstverständnis und suchen auf der anderen Seite ständig nach Anerkennung und Bestätigung. Im Laufe ihrer Kindheit sind diese Personen zu dem Schluss gekommen, dass sie der Liebe unwürdig sind, da sie auf der einen Seite von ihren Bezugspersonen oft liebevolle Botschaften erhalten, aber auf der anderen Seite dieses Verhalten nicht konsequent durchgehalten wurde.

Die dritte Kategorie (*Dismissing attachment*) umfasst ebenso wie die zweite Kategorie eine positive und eine negative Komponente, wobei hierbei die Menschen dieser Kategorie auf der einen Seite ein hohes Selbstverständnis für sich selbst haben, auf der anderen Seite aber emotionale Distanz wahren und Beziehungen als unwichtig betrachten.

Die letzte Möglichkeit beschreibt Atkinson als *fearful attachment*. Dieses Modell umfasst zwei negative Aspekte. Menschen mit diesen Erfahrungen erleben Beziehungen ambivalent. Sie erleben das Begehren anderer, können sich aber aufgrund großen Misstrauens und Angst vor Ablehnung nicht auf eine Beziehung einlassen. [Kienlen 1998, S.56] Wut ist ein markantes Merkmal für Personen dieser Kategorie, ebenso sind posttraumatische Stresssymptome, Depressionen, Angststörungen, dissoziative Zustände und Schlafstörungen üblich. [Kienlen 1998, S.56]

In zwischenmenschlichen Beziehungen reagieren diese Personen aufgrund ihrer Traumatisierung aus frühester Kindheit häufig mit Wutausbrüchen, insbesondere bei Zurückweisung aufgrund ihres negativen Selbstbildnisses.
[Voß 2004, S.40] Diese, wie auch Personen der *preoccupied* Kategorie, erleben chronische Angst vor Ablehnung und dem Verlassenwerden in engen
Beziehungen. Beide Typen neigen in Beziehungen zu Eifersucht und Gefühlsinstabilität. Häufig kommt es in diesen Beziehungen zu verbalem und physischem Missbrauch. Meloy hat die These aufgestellt, das die Obsession zu verfolgen und auch das Phänomen Stalking eine „Bindungspathologie" ist. Er hat herausgestellt, wie wichtig deshalb eine Untersuchung aller Stalking-Täter, in Bezug auf ihre Kindheits- aber auch Erwachsenen-Bindung ist.

4.4 Zwischenbilanz

Meloy sieht die Bindungstheorie und die Objektbeziehungstheorie als mögliche Erklärungsansätze für das Verhalten von Stalkern. Es erscheint meines Erachtens plausibel, dass Kinder, die in frühester Kindheit eine Störung der Bindungsgenese erleiden mussten, später auch Probleme in zwischenmenschlichen Beziehungen haben, d.h., dass sie Schwierigkeiten haben, wenn sie verlassen werden bzw. permanente Angst haben, alleine zu leben. Nach tief gehender Überlegung distanziere ich mich jedoch von diesem Schwarz-Weiß-Denken, da diese Theorien meiner Meinung nach keine allgemein gültigen und eindeutigen Erklärungsansätze bieten. Der Blickwinkel ist hierbei meines Erachtens zu stark auf Kindheitstraumata gerichtet. Somit ist es sehr schwierig, Stalker anhand dieser zwei Theorien eindeutig von anderen Personen, die psychische Probleme haben, abzugrenzen; nicht jeder, der in frühester Kindheit einen Verlust seiner Bezugspersonen durchlebt hat oder dessen Eltern sich nicht liebevoll um ihn gekümmert haben, wird automatisch im Erwachsenenalter zum Stalker. Die Mehrzahl dieser Personen leben absolut gesund und glücklich, ein Teil von ihnen leidet unter anderen psychischen Krankheiten und wiederum ein minimaler Anteil von ihnen kann zum Stalker werden. Hierbei muss jedoch noch einmal explizit betont werden, dass lediglich bei einem kleinen Teil aller Personen eine Traumatisierung aufgrund einer gestörten Bindungsgenese auftritt. Es ist zudem nicht erwiesen, dass jeder Stalker in seiner Kindheit dieselben Erfahrungen gemacht hat. Die Möglichkeit, dass sich Kindheitserfahrungen von Stalkern ähneln, besteht zwar; es ist aber bisher nicht empirisch belegt worden, dass immer eine Ähnlichkeit der Erfahrungen besteht. Es handelt sich hierbei lediglich um Hypothesen.

Meiner Meinung nach spielen beim Stalking-Verhalten verschiedene Faktoren eine Rolle, die diese Art des Verhaltens begünstigen. Diese Faktoren, wie äußere Lebensumstände, zwischenmenschliche Erfahrungen in der Adoleszenz oder im Erwachsenenalter, werden bei den vorangegangenen Erklärungsmodellen nicht berücksichtigt. Meines Erachtens stellen die narzisstische Persönlichkeitsstörung und die Borderline Persönlichkeitsstörung bessere Erklärungsmodelle für das Verhalten von Stalkern dar. Sie können auch anhand von Klassifikationssystemen (ICD 10 und DSM IV) diagnostiziert werden. Diese beiden Störungen werde ich in den nächsten Punkten hinsichtlich ihrer Definitionen, Ausmaß und Einordnung näher erläutern.

4.5 Persönlichkeitsstörungen

"Unter Persönlichkeitsstörungen werden tief verwurzelte, anhaltende und weit-gehende stabile Verhaltensmuster verstanden, die sich in starren Reaktionen auf unterschiedliche persönliche und soziale Lebenslagen zeigen. Gegenüber der Mehrheit der jeweiligen Bevölkerungsgruppe zeigen sich deutlich Abweichungen im Wahrnehmen, Denken, Fühlen und in Beziehungen zu anderen. In vielen Fällen gehen diese Störungen mit persönlichem Leiden und gestörter sozialer Funktionsfähigkeit einher. [...] Jede individuelle Persönlichkeit zeichnet sich durch das Bestehen unterschiedlicher Persönlichkeitszüge aus. Störungen der Persönlichkeit beschreiben Extremvarianten einer bestimmten seelischen Wesensart, also extreme Ausprägungen von bestimmten Persönlichkeitszügen. Ein wesentliches Kriterium für die Diagnose einer Persönlichkeitsstörung ist also zunächst die Ausprägung und die Dominanz eines bestimmten Persönlichkeitsmerkmals, was mehr oder weniger allgemein menschlich ist. Eine zweite wesentliche Bedingung für die Annahme einer Persönlichkeitsstörung besteht darin, dass durch diese auffälligen Persönlichkeitszüge das subjektive Befinden, die soziale Anpassung oder die berufliche Leistungsfähigkeit relevant eingeschränkt sind. Darüber hinaus wird vorausgesetzt, dass diese Verhaltensmuster meistens stabil sind und sich auf vielfältige Bereiche von Verhalten und psychischen Funktionen beziehen." [Möller/Laux/Deister 1996, S.330 ff.]

Fiedler unterteilt den Oberbegriff Persönlichkeitsstörungen in elf unterschiedliche Störungstypen:

1. Paranoide Persönlichkeitsstörung
2. Schizoide Persönlichkeitsstörung
3. Schizotypische Persönlichkeitsstörung
4. Dissoziale Persönlichkeitsstörung
5. **Borderline Persönlichkeitsstörung**
6. Historische Persönlichkeitsstörung
7. **Narzisstische Persönlichkeitsstörung**
8. Selbstunsicher-vermeidende Persönlichkeitsstörung
9. Dependente Persönlichkeitsstörung
10. Zwanghafte Persönlichkeitsstörung
11. Passiv-aggressive (negativistische) Persönlichkeitsstörung
    [Fiedler 1998, S.252ff]

Im Rahmen dieser Arbeit betrachte ich die Narzisstische- und die Borderline-Persönlichkeitsstörung näher, da die Autoren in der Fachliteratur bei beiden Störungen einen Zusammenhang mit dem Stalking-Verhalten sehen. Um jedoch die Diagnose stellen zu können, dass eine Person an einer Persönlichkeitsstörung leidet, bedarf es eines standardisierten Messinstruments. In Deutschland gibt es dafür die ICD-10 und die DSM-IV.

Tabelle 9 Unterschiede zwischen ICD-10 und DSM-IV

ICD-10	DSM-IV
Richtliniencharakter	Vorschriftscharakter
betont interkulturelle Aspekte	betont Forschungsaspekte
kurze Beschreibungen der Störungen	ausführliche Beschreibungen, stärkere Operationalisierung der Kriterien
ausklammern von psychosozialen Kriterien bei der Diagnose (psychosoziale Auswirkungen werden gesondert erfasst)	Um als krankheitswertige Störung eingestuft zu werden, muss jeweils das Kriterium erfüllt sein: „Das Störungsbild verursacht in klinisch bedeutsamer Weise Leiden oder Beeinträchtigung in sozialen, beruflichen oder anderen wichtigen Funktionsbereichen."
100 Hauptklassifikationskategorien	395 Störungen, die mit ca. 1000 Kriterien beschrieben werden

[aus: uni-hamburg 2004]

Nach der ICD-10 sollten mindestens drei der nachfolgenden Eigenschaften oder Verhaltensweisen bestehen:

1. Deutliche Unausgeglichenheit in den Einstellungen und im Verhalten mit mehreren Funktionsbereichen wie Affektivität, Antrieb, Impulskontrolle, Wahrnehmen und Denken sowie in Beziehungen zu anderen.

2. Das auffällige Verhaltensmuster ist andauernd und gleichförmig und nicht auf Episoden psychischer Krankheiten beschränkt.

3. Das auffällige Verhaltensmuster ist tief greifend und in vielen persönlichen und sozialen Situationen eindeutig unpassend.

4. Die Störungen beginnen immer in der Kindheit und Jugend und manifestieren sich auf Dauer im Erwachsenenalter.

5. Die Störung führt zu deutlichem subjektiven Leiden, manchmal jedoch erst im späteren Verlauf.

6. Die Störung ist meistens mit deutlichen Einschränkungen in der beruflichen und sozialen Leistungsfähigkeit verbunden.

Nach der DSM-IV:
Anhand von sechs Kriterien lässt sich die Diagnose einer Persönlichkeitsstörung weiter erhärten:

1. Die Störung manifestiert sich mindestens in zwei der folgenden Bereiche: Störung der Kognition, des Affekts, der interpersonellen Beziehungen und/oder der Impulskontrolle.

2. Das gezeigte Erlebens- und Verhaltensmuster ist unflexibel und andauernd in einem breiten Spektrum persönlicher und sozialer Situationen.

3. Die Störung führt zu klinisch bedeutsamen Beschwerden und/oder zu einer deutlichen Beeinträchtigung der Leistungsfähigkeit in sozialen, beruflichen oder anderen wichtigen persönlichen Bereichen.

4. Das Erlebens- und Verhaltensmuster erweist sich als stabil, lang andauernd und seine Entstehung kann wenigstens bis ins Jugendalter, wenn nicht gar bis in die Kindheit zurückverfolgt werden.

5. Das Muster tritt nicht vorrangig als zentrales Merkmal oder erst als Folge einer anderen psychischen Störung in Erscheinung oder aber

6. es lässt sich nicht ursächlich auf direkte physiologische Wirkungen von Substanzen (z. B. Drogen, Medikamente, Vergiftungen) oder andere organische Störungsbedingungen (z. B. SHT) zurückführen.

4.5.1 Narzisstische Persönlichkeitsstörung

Im Zusammenhang mit Stalking ist von Meloy die These aufgestellt worden, dass Stalker unter einer narzisstischen Persönlichkeitsstörung leiden. [Voß 2004, S.48] Um diese These zu belegen ist es notwendig, sich zunächst mit der Thematik dieser Persönlichkeitsstörung auseinander zu setzen.

Die narzisstische Persönlichkeitsstörung ist nicht im ICD-10 manifestiert, ist aber dennoch klinische Realität und deshalb fest in der DSM-IV integriert.

Die Hauptmerkmale der narzisstischen Persönlichkeitsstörung sind nach der DSM-IV ein „tiefgreifendes Muster von Großartigkeit, dem Bedürfnis nach Bewunderung und Mangel an Einfühlungsvermögen." [Saß/Wittchen/Zaudig, 1998, S.743]. Die Prävalenz liegt hier bei weniger als 1% der Allgemeinbevölkerung. Der Beginn dieser Störung liegt meist im frühen Erwachsenenalter. Diese Personen nehmen sich in übertriebenem Maße selbst wichtig. [Saß/Wittchen/Zaudig, 1998, S.743] Aber nicht jeder Mensch, der von sich überzeugt ist, leidet an einer narzisstischen Persönlichkeitsstörung. Oberflächlich betrachtet scheinen diese Persönlichkeiten sogar oft sozial angepasst und weisen keine schwer wiegenden Verhaltensauffälligkeiten auf. [Kernberg 1983, S.262]

Um von einer narzisstischen Persönlichkeitsstörung sprechen zu können, müssen laut DSM-IV mindestens fünf von den folgenden Kriterien erfüllt sein:

„1. hat ein grandioses Gefühl der eigenen Wichtigkeit
2. ist stark eingenommen von Fantasien grenzenlosen Erfolgs, Macht, Glanz, Schönheit oder idealer Liebe,
3. glaubt von sich „besonders" und einzigartig zu sein und nur von anderen besonderen oder angesehenen Personen (oder Institutionen) verstanden zu werden oder nur mit diesen verkehren zu können,
4. verlangt nach übermäßiger Bewunderung,
5. legt ein Anspruchsdenken an den Tag, d.h. übertriebene Erwartungen an eine besonders bevorzugte Behandlung oder automatisches Eingehen auf die eigenen Erwartungen,

6. ist in zwischenmenschlichen Beziehungen ausbeuterisch, d.h. zieht Nutzen aus anderen, um die eigenen Ziele zu erreichen,

7. zeigt einen Mangel an Empathie: ist nicht willens Gefühle und Bedürfnisse anderer zu erkennen oder sich mit ihnen zu identifizieren,

8. ist häufig neidisch auf andere oder glaubt, andere seien neidisch auf ihn/sie,

9. zeigt arrogante, überhebliche Verhaltensweisen oder Handlungen." [Saß/ Wittchen/Zaudig, 1998, S.747]

Menschen mit dieser Persönlichkeitsstörung schwelgen häufig in Macht- und Erfolgsfantasien und haben unentwegt das Bedürfnis nach Bestätigung und Achtung und zwar auch ohne die jeweiligen Leistungen erbracht zu haben. Die Gemütszustände dieser Betroffenen wechseln häufig von zu großem Selbstwertgefühl, das heißt, die Störung ihres Selbstwertgefühls bezieht sich sowohl auf zu großes Selbstwertgefühl, als auch auf das folgende Gefühl der absoluten Wertlosigkeit. Ihre Reaktion auf Kritik und Niederlagen sind scheinbare Gleichgültigkeit oder aber auch übertriebene Reaktionen. [Zimbardo 1996, S.608] Sie reagieren auch häufig mit übertriebenem Neid und Besitzansprüchen. Sie neigen dazu manche Menschen zu idealisieren und andere Menschen, von denen sie nichts mehr zu erwarten haben, mit Verachtung zu strafen. Man kann sogar so weit gehen zu behaupten, dass sie einen ausbeuterischen bzw. parasitären Charakter haben, da sie sich das Recht herausnehmen, andere Menschen ohne jegliche Schuldgefühle zu beherrschen und auszunutzen. [Kernberg 1983, S.262]

Narzissten neigen dazu, ihre Gefühllosigkeit hinter einer Fassade der Aufmerksamkeit und des Charmes zu verstecken. Dies resultiert laut Kernberg sehr wahrscheinlich aus dem Fehlen echter Gefühle von Traurigkeit, etc. und der Unfähigkeit depressive Gefühle zuzulassen. Wenn sie von ihrem Partner verlassen werden, erscheint es auf den ersten Blick, als würden sie depressiv sein. Bei genauerem Hinsehen ist bei ihnen jedoch keine Traurigkeit aufgrund des Verlassenwerdens zu erkennen, sondern sie sind wütend, lehnen sich auf und haben Rachegelüste. [Kernberg 1983, S.263]

Bei der Analyse von Familiengeschichten narzisstischer Persönlichkeiten finden sich sehr häufig Parallelen. Man stößt hierbei oft auf strenge, gefühllose Elternteile mit einem starken Maß an latenter Aggression. In den meisten Fällen war es die Mutter, die nach außen gut funktionierte, innerhalb der Familie aber alles mit einer gewissen Härte und Aggression verübte. Diese Aggressionen haben sich somit auf das Kind übertragen und es hat nie gelernt, Gefühle zuzulassen und liebevoll und respektvoll mit anderen Personen umzugehen.

In einigen Fällen entwickelt sich eine narzisstische Störung aber auch, weil die Bezugsperson, in der Regel die Mutter, aus dem Kind etwas ganz Besonderes machen will. Somit wird das Kind für die eigenen narzisstischen Zwecke der Eltern bzw. der Bezugspersonen missbraucht und es wird in ihm die Sucht nach Heldengröße und Anerkennung geweckt. Ganz häufig haben diese Kinder eine Schlüsselposition in der Familienstruktur. Sie sind entweder Einzelkinder oder haben eine besondere Begabung. [Kernberg 1983, S.271]

Anhand der Prävalenz wird jedoch deutlich, dass nicht jeder, der vergleichbare Familiengeschichten erlebt hat, automatisch unter einer narzisstischen Persönlichkeitsstörung leidet. Wäre es so, dann wären die Zahlen der Betroffenen höher. Die größte Angst der an der narzisstischen Persönlichkeitsstörung leidenden Patienten ist die Angst vor Abhängigkeit, da diese Form immer Hass, Neid und Frustrationen beinhaltet und sie in ihrem tiefsten Inneren andere Menschen verachten. [Kernberg 1983, S.36] Es enthüllt sich somit das Paradoxon dieses Phänomens: Narzisstische Personen streben trotz aller Ablehnung, die sie anderen Menschen entgegen bringen, nach einer gewissen Abhängigkeit.

Der wichtigste Aspekt des Narzissmus bezüglich der Thematik der Arbeit ist die Tatsache, dass von der narzisstischen Persönlichkeit betroffene Menschen große Schwierigkeiten in zwischenmenschlichen Beziehungen haben. [Zimbardo 1996, S.608] Diese Menschen sind nicht empathiefähig für die Gefühle anderer, d. h., sie haben einen enormen Mangel an der Einfühlung und am

Interesse für ihre Mitmenschen, und sie haben im Großen und Ganzen sehr wenig Freude am Leben. [Kernberg 1983, S.262]

Es gibt sehr unterschiedliche Merkmale einer narzisstischen Persönlichkeitsstörung.

Merkmale der narzisstischen Persönlichkeitsstörung in Bezug auf Stalking: [beepworld 2004]

- Muster von Großartigkeit;
- Bedürfnis nach Bewunderung;
- Mangel an Einfühlungsvermögen; Mangel an Empathie;
- Verlangen nach übermäßiger Bewunderung; hohes Anspruchsdenken,
- Ausbeuterisch in Beziehungen;
- Neidisch auf andere;
- Glaubt und hofft, dass andere neidisch sind auf ihn;
- Arrogant, überheblich, prahlerisch, großspurig, ungeniert.
- Unterschätzung und auch Abwertung der Beiträge anderer;
- Sorge um Ansehen bei anderen;
- Verächtlich und ungeduldig wenn andere über ihre eigenen Probleme und Angelegenheiten sprechen;
- Hinterlassen eines „glatten", positiven Eindrucks;
- Entspannte oder ungewöhnlich gerade Haltung und überheblicher Gesichtsausdruck;
- Fähigkeit zu sexueller Belästigung;
- Vorhandensein eines großen Bekanntenkreises; Fehlen von anhaltenden Beziehungen;
- Erwähnung von Bezugspersonen entfällt; sie werden als Grund für ihre Probleme genannt;
- Entwicklung von paranoiden Kognitionen, in der Form das sie meinen, andere wollten sie einholen oder abwerten, weil sie an sich denken, dass andere sie um ihre Talente und Großartigkeit beneiden;
- Eingenommenheit von der Vorstellung, dass andere Personen sie laufend um irgendetwas beneiden;
- Hervortreten von starker Wut, Beschimpfung, Körperverletzung, ausführliche Racheakte und auch selbstschützende

- Vorgehensweisen, wenn bestimmte Personen seine Grandiosität nicht bestätigen und ihn nicht hochpreisen;
- Fähigkeit zu gewalttätigem Verhalten gegenüber Personen, die sie als Bedrohung für ihre Überlegenheit empfinden;

Anhand dieser diversen Merkmale spiegelt sich das Verhalten eines Stalkers sehr gut wider. Das Muster von Großartigkeit zeigt sich beim „Stalken" ebenso wie das Bedürfnis nach Bewunderung. Dieses Bedürfnis kommt häufig beim Prominenten-Stalking vor, bei dem die Stalker u.a. Popularität erlangen wollen und mitunter neidisch auf ihr Opfer sind. Neid ist ebenfalls ein charakteristisches Merkmal von Stalkern. Zum einen äußert es sich beim Prominenten-Stalking und zum anderen bei den „secondary victims", auf die ich noch näher eingehen werde. Hierbei sind die Täter insbesondere auf die neuen Partner ihrer Ex-Partner neidisch und lassen sie das auch spüren. Insbesondere der Wunsch nach Bewunderung auf der einen Seite und der Mangel an Empathie auf der anderen Seite sind Eigenschaften, die auf viele Stalker zutreffen. Auch die Neigungen zu sexuellen Belästigungen und zu Gewalttätigkeiten äußern sich in der Persönlichkeit des Stalkers.

Ebenso wie die narzisstische Persönlichkeitsstörung weist auch die Borderline-Persönlichkeitsstörung Charakteristika auf, die im Verhalten eines Stalkers wieder zu finden sind.

4.5.2 Borderline-Syndrom

Als Borderline-Störung definierte man anfänglich eine bestimmte Gruppe von Persönlichkeitsstörungen an der Grenzlinie (=Borderline) zwischen Neurose und Psychose. Bald kristallisierte sich heraus, dass die Borderline-Störung als eine eigenständige Persönlichkeitsstörung mit vielen charakteristischen Merkmalen anzusehen ist. Die Bezeichnung „Borderline" hat somit zwar ihre inhaltliche Bedeutung verloren, wurde aber trotzdem beibehalten. Die Borderline-Störung zählt inzwischen zu den am weitesten verbreiteten psychischen Störungen. [borderline 2004] Die Prävalenz der dieser Störung liegt laut der DSM-IV bei 2 % der Allgemeinbevölkerung.

Kernberg definiert Borderline-Patienten wie folgt: „..., wenn wir es mit Menschen zu tun haben, die erhebliche Schwierigkeiten in ihren zwischenmenschlichen Beziehungen und auch gewissen Störungen in der Realitätswahrnehmung aufweisen, ohne dass jedoch die Realitätsprüfung wesentlich beeinträchtigt wäre." [Kernberg 1983, S.189]

Die Borderline Patienten leiden unter so genannten "emotional instabilen Persönlichkeitsstörungen". Sie haben oft Stimmungs-schwankungen und tendieren dazu, Impulse ohne Berücksichtigung von Konsequenzen auszuagieren. Soziale Kompetenzen und die Kompetenz das Leben vorausschauend zu planen, sind bei Borderline-Patienten nur gering vorhanden; das heißt u. a., dass sie zu unbeständigen Beziehungen neigen und Ausbrüche intensiver Wut zu explosivem, manchmal gewalttätigen Verhalten führen.

Des Weiteren neigen sie zu einem gestörten Selbstbild. [borderline 2004]

Nach der ICD-10 wird die Borderline-Persönlichkeitsstörung wie folgt definiert:

- überdauerndes Muster von emotionaler Instabilität und Impulsivität
- inkonstante und krisenhafte Beziehungen
- ausgeprägte Angst vor dem Verlassenwerden
- impulsive - häufig auch selbstschädigende - Verhaltensweisen
- instabile und wechselhafte Stimmung
- multiple und wechselnde psychogene Beschwerden
- Identitätsunsicherheit
- dissoziative und paranoide Symptome unter Stress

Um von einer Borderline-Störung nach der DSM-IV sprechen zu können, müssen mindestens fünf der unten aufgeführten Merkmale erfüllt sein:

1. „(...) verzweifeltes Bemühen, tatsächliches oder vermutetest Verlassenwerden zu vermeiden.

2. Ein Muster instabiler, aber intensiver zwischenmenschlicher Beziehungen, das durch einen Wechsel zwischen den

3. Extremen der Idealisierung und Entwertung gekennzeichnet ist.

4. Identitätsstörung: ausgeprägte und andauernde Instabilität des Selbstbildes oder der Selbstwahrnehmung.

5. Impulsivität in mindestens zwei potenziell selbstschädigenden Bereichen

6. Wiederholte suizidale Handlungen, Selbstmordandeutungen oder –drohungen oder Selbstverletzungsverhalten

7. Affektive Instabilität infolge einer ausgeprägten Reaktivität der Stimmung

8. Chronische Gefühle der Lehre

9. Unangemessene, heftige Wut oder Schwierigkeiten, die Wut zu kontrollieren

10. Vorübergehende, durch Belastungen ausgelöste paranoide Vorstellungen oder schwere dissoziative Symptome."

[Saß/Wittchen/Zaudig, 1998, S.739]

Diese Merkmale sind hier gekürzt dargestellt. Dabei ist zu betonen, dass nicht alle Betroffenen alle Symptome aufweisen. Dennoch ist hervorzuheben, dass Borderline-Patienten häufig unter einer Vielzahl von psychologischen Verhaltensstörungen leiden. Ein Großteil von ihnen steht unter dem Druck von Angst oder poly-symptomatischen Neurosen; darunter fallen u. a. Polyphobien, d. h. schwere Angstzustände, die die Patienten im Alltagsleben stark beeinträchtigen, Zwangsstörungen, multiple Konversionssymp-tome, dissoziative Symptome, Hypochondrie und paranoide Zu-stände.

Um den Versuch zu unternehmen, das Verhalten eines Stalkers mit einer Borderline-Störung zu erklären, ist es notwendig noch weitere, wenn auch in der Häufigkeit nicht so oft vorkommende, Charakter-störungen näher zu betrachten. Da wären die Charakterstörungen von *„niederem Strukturniveau"* zu nennen. Darunter fallen die so genannte *„hysterische Persönlichkeit"* und die *„infantile Persönlichkeit"*. Die bedeutendsten Charaktereigenschaften dieser Persönlichkeiten sind: Emotionale Labilität, übermäßiges Engagement, die Kombination von Abhängigkeit mit exhibitionistischen Zügen, Pseudo-Hypersexualität und Sexualhemmung, selektives Rivali-sieren mit Männern und Frauen, masochistische Züge [Kernberg 1983, S.31]

Die genannten Punkte sind in zwischenmenschlichen Beziehungen sehr belastend. Dies ist wahrscheinlich der Grund, warum Border-line-Patienten oft inkonsequente und unangemessen intensive Sexualbeziehungen führen. Hier gibt es Parallelen zu den narzisstischen Persönlichkeiten, die wie auch die Borderliner ihre Partner entweder absolut idealisieren oder diskreditieren. Bei der Borderline-Störung kommt noch ein manipulativer Faktor hinzu. Borderline-Patienten „verlieben" sich häufig stärker, als Personen, die keine Persönlichkeitsstörung aufweisen. Das heißt, sie leben aufgrund ihrer extremen Trennungsängste eine starke Intensität in den Beziehungen aus. Dadurch kommt es schnell zu einem Abhängigkeitsverhältnis, wobei der Partner stark idealisiert wird. Wenn der Borderline-Patient hierbei enttäuscht wird, kommt es, wie bereits oben erwähnt, zu einer ablehnenden Haltung gegenüber dem Partner. Dennoch ist er nicht in der Lage, die Beziehung zu beenden; es kommt zu einer noch stärkeren Bindung an den Partner, was zu Ausbrüchen in Form von Suizidgedanken, Hypochondrie, etc. seitens des Betroffenen führen kann. Anhand dieser Symptome zeigt sich, dass die Borderliner zu selbstschädigendem Verhalten neigen. Des Weiteren tendieren sie z. B. auch zu Alkohol- und Drogenmissbrauch und sexueller Promiskuität. Dieses Verhalten geht oft einher mit anderen Symptomen wie z. B. Wutausbrüche, Frustrationen oder Depressionen, die die Grundstimmung der Betroffenen widerspiegeln. Die Ausbrüche dauern meistens nicht lange, haben aber oft eine starke Intensität, die auch zu körperlicher Gewalt führen kann. Auslöser für die körperliche Gewalt ist häufig die extreme Angst vor dem Verlassenwerden und vor dem Alleinsein. [Kernberg 1983, S.31ff]

Borderline-Patienten leiden wie auch die von der narzisstischen Persönlichkeitsstörung Betroffenen unter einer Identitätsstörung. Sie haben kein extremes Über-Ich und auch kein konstantes Identitätsgefühl. Sie sind der Meinung, dass sie sich ihr Lob und ihre Anerkennung ständig neu verdienen müssen und sind somit fortwährend auf die positiven Beurteilungen Dritter angewiesen. Daraus resultieren u. a., wie bei Kernberg zitiert, ein übermäßiges Engagement und ein ungesunder Perfektionismus. Trotz des permanenten Strebens nach Verbesserungen und Veränderungen in ihrem Leben empfinden sie ihr Dasein oft als langweilig, was sich in ihrer Symptomatik auch körperlich in Form von Kopf- und Brustschmerzen widerspiegelt. [Kernberg 1983, S.31ff] Diese

Beschreibung ist typisch für einen Stalker. Er ist nicht in der Lage eine Beziehung aufrecht zu erhalten. Wenn er eine Beziehung hat, zerstört er diese leicht mit seiner Bedrängnis. Er leidet unter starken Stimmungsschwankungen und hat übermäßige Angst vor dem Verlassenwerden. Wenn ihm das widerfährt, ist er nicht in der Lage dieses zu akzeptieren und stalked sein Opfer weiterhin. Viele Stalker haben wie die Borderliner ein chronisches Gefühl der Leere und der Langeweile. Diese Gefühle versuchen sie mit ihrem Verhalten zu kompensieren. Ob und inwieweit man Stalkern eine Borderline-Störung nachweisen kann, liegt jedoch außerhalb meiner Kompetenz. Die Überschneidungen im Verhalten können hierbei auch zufällig sein und sind bisher nicht empirisch belegt worden. [Kernberg 1983, S.31ff]

Tabelle 10 Borderline Verhalten

Selbstregulation	**Regulation der Beziehungsebene**
"chaotische" Lebenserfahrung in der Primärfamilie, traumatisches Verlassenwerden, sexuelle Traumatisierung und Gewalterfahrung ↓	gegensätzliche, miteinander nicht kompatible Aspekte der Beziehungserfahrung mit emotional bedeutsamen Anderen können nicht integriert werden ↓
Spaltung von "guten" und "schlechten" Selbst- und Objektrepräsentanzen ↓	kleinste Anzeichen des Verlassenwerdens reaktivieren traumatische Ängste ↓
pathologische Spaltung führt zu mangelhafter Impuls- und Angsttoleranz ↓	Tendenz zu manipulativer Beziehungsgestaltung
Selbstbeschädigung, um dissoziative Zustände zu beenden	

[aus:uni-düsseldorf]

5 Täter

Täter ist nicht gleich Täter. Dies hat man auch bei den unterschiedlichen Stalking-Delikten feststellen müssen. Um nun die Taten
der Stalker besser einschätzen zu können, d.h. um festzustellen wie
ausdauernd und gewaltsam der jeweilige Stalker vorgeht, bzw. um
die Möglichkeit der Intervention so effektiv wie möglich zu
gestalten, hat man versucht, die verschiedenen Stalker-Typen zu
kategorisieren. Diese Einteilung der Stalker und die Einschätzung
des jeweiligen Risikos, soll in diesem Kapitel näher beschrieben
werden.

5.1 Typologie der Stalker

In der Fachliteratur gibt es eine Vielzahl von Stalker-Typologien.
Zona *et al* (1993) unterscheidet folgende Stalker-Typen:

a) Der klassische erotomanische Stalker, der in der Regel weiblich
    ist und davon überzeugt ist, dass ein älterer Mann aus einer
    höheren Klasse unsterblich in sie verliebt ist,

b) der von Liebe besessene Stalker, der typischerweise psychotisch
    veranlagt ist und in der Regel Prominente ins Auge gefasst hat
    und

c) der am häufigsten vorkommende ist der einfache besessene
    Stalker, der nach einer beendeten Beziehung mit dem Stalking
    beginnt.

Wright (1996) präsentiert eine leicht abgewandelte Klassifikation. Er
unterscheidet zwischen einem häuslichen Stalker und einem nicht-
häuslichen Stalker.
Der häusliche Stalker ist vergleichbar mit Zonas klassischem
erotomanischem Stalker und dem von Liebe besessenen Stalker.
Wohingegen der nicht-häusliche Stalker sich in zwei unterschiedliche Typen unterteilen lässt. Da ist auf der einen Seite der
organisierte und auf der anderen Seite der desillusionierte Stalker.

Der zuletzt genannte ist vergleichbar mit Zonas erotomanischem und dem von Liebe besessenen Stalker. Der organisierte Stalker agiert eher im Verborgenen, z.B. via Internet. Die Opfer wissen in der Regel nichts über die Identität ihres Peinigers. Zuletzt gibt es noch eine differente Untergliederung von Mullen *et al* (1999), auf die ich in den folgenden Punkten näher eingehen werde. [british journal 2004] Hierbei ist zu betonen, dass die jeweiligen Autoren in Abhängigkeit ihres aktuellen Forschungsstands eine individuelle Einteilung vorgenommen haben und dass es sich hierbei noch keine allgemein gültige Klassifikationsbasis handelt.

Tabelle 11 Tätereigenschaften im Überblick

	The Rejected	The Intimacy Seeker	The Incompetent Suitor	The Resentful	The Predatory
Beginn	Nach Beendigung einer Beziehung	Zu jeder Zeit	Zu keinem bestimmten Zeitpunkt	Nach Kritik	Zu jeder Zeit
Ziel	Wiederherstellung der Beziehung/Versöhnung, Rache	Wollen mit ihrem Opfer eine Beziehung eingehen; erotischer Hintergrund	Wollen mit ihrem Opfer eine Beziehung eingehen	Ängstigen und Bedrängen; Rache	Sexueller Übergriff
Ausdauer	Der Hartnäckigste	Sehr ausdauernd	Relativ kurz	Relativ kurz	Sehr niedrig
Phasen (Meloy)	Ab Phase 3	Phasen 1-6	Phasen 1-6	Nicht einzuordnen	Nur Phase 1
Verstärkung	Durch Zurückweisung	Ignorieren oder Absagen werden positiv gedeutet	Zuwendung und Beachtung	Ignoration	Wenn dann nur unbewusst
Sozialer Status	Soziale Isolation	Soziale Isolation	Mangelnde soziale Kompetenz	Sozial angepasst	50% aller sind berufstätig
Persönlichkeit	Narzisstische Veranlagung	Schizophren und alle Arten der Persönlichkeitsstörungen	Alle Arten von Persönlichkeitsstörungen	Weist meist keine Störungen auf	Keine bekannt
Gewalttätigkeit	Sehr stark, neigt zu Einschüchterungen	Erst wenn die Frustrationstoleranz überschritten wird	Neigen sehr zu Gewalttätigkeit, beginnen aber sehr „ungefährlich" mit Schreiben von Briefen	Am wenigsten Gewalttätig	Sie greifen selten an, sind mehr in der Beobachtungsphase
Sanktionen	Hilfreich, da sie von alleine nie aufhören können zu „stalken"	Juristische Sanktionen greifen hierbei sehr schlecht, sie sehen sie eher als Beweisprobe für ihre Liebe	Schwer zu stoppen, reagieren zwar auf juristische Sanktionen, fangen aber immer wieder an	Je eher man einschreitet, desto besser greifen Sanktionen	Sind meist bereits Aktenkundig in Sachen Sexualdelikte

5.1.1 The Rejected (Der Zurückgewiesene)

Am häufigsten tritt Stalking nach der Beendigung einer Beziehung auf. Insbesondere der „Rejected" Stalker, also der nach einer Beziehung zurückgewiesene Partner beginnt mit dem Stalking, sobald er nur erahnt, dass die Partnerin geneigt ist, die Beziehung zu beenden. [Mullen 2003, S. 654] Das offenkundige Ziel des Stalkers ist entweder die Wiederherstellung der alten Partnerschaft, oder wenn dieses nicht möglich ist, die Rache für das Verlassenwerden in die Tat umzusetzen. In der Praxis geht der Stalker häufig auf beide Ziele ein; in welchem Umfang er es jedoch eher auf Rache oder eher auf Versöhnung abgesehen hat, ist abhängig von den jeweiligen Lebensumständen und auch von der Tatsache, wie das Opfer auf sein Handeln reagiert.

Die Wut, die bei ihm durch die Zurückweisung geschürt wird, wird häufig noch durch die in den Augen des Stalkers unfaire Beendigung der Beziehung verstärkt. Ihrer Meinung nach ist die beendete Beziehung durch nichts zu ersetzen. Der zurückgewiesene Stalker ist meist der aufdringlichste und auch der hartnäckigste Stalker-Typ. Wenn sich dieser Typ Stalker auf ein Schema der Bedrohung festgelegt hat, wird er von diesem nicht so schnell wieder abweichen. [Mullen 2000, S.79] Es ist nicht immer gleich ersichtlich, warum diese Personen ihre ehemaligen Partner so hartnäckig verfolgen.

Mullen hat festgestellt, dass es sich insbesondere bei diesem Typ um männliche Stalker handelt. In seinen Nachforschungen kam heraus, dass 90 % aller Rejected Stalker männlichen Geschlechts waren.

Viele dieser Stalker fallen in die Typisierung des obsessiven Verfolgers. Diese sind in der Regel sozial isoliert und leiden unter einer narzisstischen Persönlichkeitsstörung, auf die ich bereits in Kapitel 4.5.1 näher eingegangen bin. Das wichtigste Merkmal dieses Stalkers ist jedoch nicht seine narzisstische Veranlagung, sondern seine starke Abhängigkeit von dem jeweiligen Intimpartner aufgrund seines fehlenden sozialen Netzwerks. Dieses kann er sich nicht aufbauen, da ihm grundlegende soziale Fähigkeiten fehlen. Deshalb investiert dieser Stalker alles in seine bestehende Beziehung. Durch die Auflösung derselben, kommt es bei diesem Stalker-Typ zu einem absoluten Zusammenbruch, da er in seinen Augen alles verloren hat, was er „besessen" hat. Seine Reaktionen auf das

Verlassenwerden haben somit weniger mit Scham oder Wut zu tun, als mit Verzweiflung und Unglaube darüber, was ihm widerfahren ist. [Mullen 2000, S.82]

Dieser Stalker hat in seinen Augen nichts mehr zu verlieren. Da der *Rejected* Stalker-Typ sich völlig auf seine/n Partner/in fixiert, liegt nahe, dass die Eifersucht und die Besitzgier weitere charakteristische Merkmale von ihm sind. [Mullen 2000, S.85] Bereits am Anfang der Beziehung zeigen sich diese beiden Eigenschaften und manifestieren sich in dieser Beziehung eklatant. Somit werden viele der Betroffenen bereits während ihrer Beziehung gestalkt, da das Misstrauen des Partners so groß ist, dass er permanent einen „Ehebruch" vermutet. In diesen Fällen liegt es nahe zu behaupten, dass gerade diese Stalker nach der Beendigung der Beziehung dieses prägnante Verhaltensmuster nicht ablegen können. Das ist der erste Schritt in Richtung obsessiven Verfolgens. [Mullen 2000, S.85]

Der *Rejected* Stalker ist laut Mullen sehr gewalttätig und neigt zu Einschüchterungen seiner Opfer. Dieses Verhalten spiegelt sich auch in alltäglichen Situationen wieder, wo dieser Stalker in seiner Umwelt auf Frustrationen mit Gewalt und Bedrohung reagiert. [Mullen 2000, S.88]

In den Statistiken von Mullen (1999) benutzt dieser Typ Stalker die größte Auswahl an Stalking Handlungsweisen. Er betreibt Telefonterror, schreibt unzählige Briefe und E-Mails, verfolgt und beschattet seine Opfer. Bedrohungen wurden hierbei in über 70 % aller Fälle ausgesprochen. Knapp ein Drittel dieses Typs ist drogenabhängig (30 %). Hierbei muss aber auch betont werden, dass der Drogenkonsum das Stalking-Verhalten nicht beeinflusst, sondern das der *Rejected* Stalker weiß, was er tut. In der Regel kann er seinen eigenen Vorteil kalkulieren. Wenn er in seiner Verfolgungsjagd durch juristische Sanktionen unterbrochen wird, ist er dennoch meistens in der Lage die Situation zu beenden. Da viele *Rejected* Stalker selbstständig nicht dazu fähig sind, die Situation wieder unter Kontrolle zu bringen, sind Sanktionen in diesen Fällen oft unerlässlich. [Mullen 2000, S.90]

Case example

„Trevor and Fiona argued since the day they first met, but the conflict escalated when they moved into an apartment together 6 month after their relationship began. Around this time, Trevor was made redundant from work and his alcohol consumption increased. During one of their arguments he shoved Fiona against a bookcase, injuring her back. She flet to a girlfriend's apartment and never returned. Trevor says he was devasted and confused when Fiona walked out. He dismissed the role of his violence and drinking, alleging Fiona was 'screwed in the head' as consequence of being abused as a child. [...] He phoned her repeatedly at the homes of her parents and her girlfriend, and when they changed numbers, he rang Fiona at work. One night he arrived unannounced and intoxicated at the girlfriend's apartment, hammering loudly on the door and shouting until neighbours contacted the police. [...] Fiona ultimately obtained a protective injunction against Trevor. The harassment persisted [...] with attacks on Fiona's car. [...] After 15 month of harassment, Trevor's activities finally ended, following his conviction for stalking and a two-month prison sentence. During this time he agreed to accept help for his alcohol and anger problems and to undergo psychiatric counselling. He concedes he did 'just once or twice, out of curiosity' drive past Fiona's home immediately after his release, though, unknown to him, she had since fled interstate." [Pathe 2002, S.22]

5.1.2 The Intimacy Seeker (Der nach Intimität Suchende)

Zusammengenommen sind der *Intimacy Seeker* und der *Incompetent Suitor* die am häufigsten auftretenden Stalker, die sich durch ihre Hartnäckigkeit auszeichnen. Beide Anhänger dieser Gruppierungen unternehmen den Versuch, eine Beziehung zu ihrem Objekt der Begierde aufzubauen. Innerhalb dieser zwei Kategorien lassen sich auch die so genannten Star-Stalker mit einbeziehen, auf die ich innerhalb der Arbeit noch zu sprechen kommen werde. Wenngleich es viele Gemeinsamkeiten zwischen diesen beiden Typen gibt, gibt es dennoch nennenswerte Unterschiede, auf die ich im Folgenden eingehen werde. [Mullen 2000, S.116]

Der *Intimacy Seeker* hat sich zum Ziel gesetzt, eine enge Freundschaft oder eine feste Beziehung zu seinem Opfer aufzubauen. Das Ziel hierbei ist nicht unbedingt ein romantisches, sondern es geht viel mehr um den erotischen Hintergrund. Dieses Verhalten kann man auch in die Kategorie der Erotomanie einordnen.

Die individuelle Psychopathologie hat beim *Intimacy Seeker* ein weites Spektrum. Diese Täterprofile weisen häufig Schizophrenie und sämtliche Persönlichkeitsstörungen, wie zum Beispiel die narzisstische Persönlichkeitsstörung, auf.

Der *Intimacy Seeker* ist der Meinung, dass sich das Opfer seiner Begierde sofort unsterblich in ihn verlieben müsste. Sie preisen ihre Qualitäten an und zeigen damit, dass sie der perfekte Lebenspartner sind. Aus seiner Perspektive existiert die erwünschte Beziehung bereits, und er sieht sich somit als Liebhaber an. Der Täter ist besessen von seinem Ziel, eine Beziehung herzustellen. Er hat einen inneren Antrieb, seine bereits vorhandene geistige Liebe in eine intime/sexuelle umzuwandeln. [Mullen 2000, S.118]

Er wünscht sich nicht nur die Herstellung der Beziehung, sondern er vertritt die Auffassung, dass er einen regelrechten Anspruch auf diese konkrete Beziehung hat. Er fühlt sich nicht schuldig, sondern rechtfertigt sich mit der Behauptung, alles für die Liebe getan zu haben. Hinzu kommt, dass Liebe im eigentlichen Sinne keine negativen Konnotationen hervorruft, und er somit sein Fehlverhalten nicht als solches erkennt. [Mullen 2000 S.120]

Mullen hat herausgefunden, dass es gerade in der Kategorie der *Intimacy Seeker* die meisten psychisch gestörten Personen gibt. Über 50 % aller Intimacy Seekers unterliegen der Wahnvorstellung, dass die Person, in die sie sich ,verliebt' haben, diese Liebe erwidern würde; obwohl dies nicht der Fall ist.

Die *Intimacy Seeker* leben vorwiegend isoliert von der Außenwelt und hat somit ebenso wie auch der *Rejected Seeker* kein soziales Netzwerk. Unter ihnen gibt es auch einige, die noch nie in ihrem Leben einen Partner hatten, was sich auf ihre allgemeine Schüchternheit zurückführen lässt. [Mullen 2000, S.119]

Mit Hilfe ihrer Wahnvorstellung bzw. ihrer „neuen Liebe" wollen sie aus ihrer Einsamkeit herauskommen und ein „normales" gesellschaftsfähiges Leben führen. [Mullen 2000, S.119] Das heißt jedoch nicht, dass jeder der einsam bzw. allein ist, zu einem Stalker werden muss. Dies ist von vielen zusammentreffenden Faktoren abhängig. [Pathe 2002, S.23] Die *Intimacy Seeker* haben in der Regel so viele Hoffnungen für die Zukunft in ihre Fantasie-Beziehungen investiert, dass sie sich energisch dagegen wehren, von ihrer Version der Beziehung abzuweichen. [Mullen 2000, S.119] Dieser Typ Stalker ist einer der beständigsten. Mullen hat herausgefunden, dass er seine Opfer oftmals länger als drei Jahre verfolgt. Sie nutzen den telefonischen oder schriftlichen Kontakt (jeweils 75%). Verfolgungen kommen nicht so häufig vor, wie bei dem *Rejected Stalker*. Dennoch haben sie mit 60% einen hohen Stellenwert im Tätigkeitsfeld des *Intimacy Seeker*. Das Ignoriertwerden und die ständigen Absagen werden vom Stalker nie als solche wahr-genommen. Entweder sie werden ebenfalls ignoriert oder sie werden als positiv gewertet. Wenn die Frustrationstoleranz des Stalkers jedoch überschritten ist, kann es gelegentlich vorkommen, dass dieser mit Drohungen oder mit Gewalt reagiert. Insbesondere wenn sich der Stalker versucht an sein Opfer anzunähern und dieses mit Wut und Ablehnung reagiert, kann es zu gewalttätigem Verhalten kommen. Diese Wut wird dann entweder direkt an dem Opfer ausgelassen, oder an der Person, die vermeintlicherweise zwischen Stalker und Opfer steht. Insbesondere bei den erotomanen Stalkern, kommt die Wutübertragung auf Dritte häufiger vor, da sie glauben, dass ihr Liebesobjekt bereits eine Beziehung hat und ihnen untreu ist. Hierbei dominiert dann ein Gefühl der Eifersucht. Juristische Sanktionen greifen bei dieser Form des Stalkings sehr schlecht. Selbst wenn sie zu einer Freiheitsstrafe verurteilt werden, sehen sie dass nicht als Strafe an, sondern als Bewährungsprobe für ihre Liebe. Sie sind stolz darauf, dass ihre Liebe auch durch legale Restriktionen nicht zu bekämpfen ist. [Mullen 2000, S.123]

Case example

„Helen, a nurse, was besotted with a senior staff physician at her hospital. After meeting him in a ward round, for the next 6 month she hovered around places he frequented, hoping to glimpse him. A timid 28-year-old, Helen had not spoken a word to the doctor, but she never doubted the depth of his love for her. She knew her feelings were reciprocated because of the way he stroked his moustache in her presence and averted his gaze so that others didn't find out about them, the observation that he had changed his car from a convertible two-seater to a family wagon and various other innocent gestures and activities. Helen confessed she knew her imagined paramour was married, but she protested that the marriage was a sham, that she and the doctor were married in a former life and that he had been awaiting her return. [...] Helen sent flowers to his home bearing romantic messages [...].The doctor had in fact strayed, but his actual lover was a medical student. It was the ever present Helen, who stumbled upon the lovers fornicating in a secluded part of a hospital. Enraged at the perceived betrayal, she kicked the startled physician in the going. Helen was ultimately convicted of assault and was ordered to stay away from her victim. She assured the court that she had no intention of returning to a man who had cheated on her. [Pathe 2002, S.24]

5.1.3 The Incompetent Suitor (Der unfähige Freier/Kläger)

Dieser Gruppe der Stalker ist beeinträchtigt durch ihre fehlenden sozialen Fertigkeiten. Auf der einen Seite gibt es die Gruppe der *Incompetent Suitors,* die intellektuell eingeschränkt und gesellschaftlich ausgegrenzt sind. Diese verfolgen das Ziel, eine romantische Liebe einzugehen, meist sehr unbeholfen, häufig auch taktlos. Dies liegt an ihrer Schwierigkeit, zwischenmenschliche Kontakte zu knüpfen. Auf der anderen Seite sind sie überheblich und egoistisch vorgehende Stalker, die nicht verstehen können, dass es Menschen gibt, die sie nicht „anziehend" finden und ihre Liebe erwidern.

Dieser Stalker-Typ belästigt seine Opfer für relativ kurze Perioden. Er hat somit das kürzeste Durchhaltevermögen von allen Typen. [Mullen 2000, S.123]

„Despite the relative brevity of their harassment, these stalkers trend to have the highest rate of re-offending of all stalker types, repeatedly targeting new victims as they become discouraged by their present quest." [Pathe 2002, S.25]

Seine Annäherungsversuche spielen sich in der Regel auf der kommunikativen Ebene ab. Er sucht häufig den Kontakt über Briefe, Faxe oder E-Mails. Man kann ihn als ungeeigneten Verehrer charakterisieren, der es nicht schafft, soziale Kontakte herzustellen und diese auch zu erhalten. Er macht normalerweise plumpe und sexuelle Annäherungsversuche und merkt nicht, dass er damit auf Abwehr stößt. Er ist der Meinung, dass er einer Frau durch permanentes Anstarren und Beobachten schmeichelt und diese das Interesse daraufhin erwidert. Er bildet sich des Weiteren ein, dass jedes Lachen seines Opfers ihnen gilt und versteht es als Einladung mit dem Stalking fortzufahren. [Mullen 2000, S.124]

Stalking an sich, entsteht nicht aus der Unfähigkeit heraus Kontakte zu knüpfen, beziehungsweise Annäherungsversuche zu unternehmen. Vielmehr beinhaltet Stalking hier einen wiederholten und beharrlichen Eingriff in die Privatsphäre. Aufgrund mangelnder sozialer Kompetenz realisiert der *Incompetent Suitor* nicht, dass das eigene Verhalten nicht erwünscht und angemessen ist, und dass dadurch die Wünsche und die Gefühle des Opfers missachtet werden. Dieser Stalker interessiert sich nicht für das Individuum an sich, d.h., er hat kein Interesse an den Qualitäten und Charaktereigenschaften des Opfers, sondern nur die optische Attraktivität des Zielobjektes spielt für den Täter eine Rolle. Deshalb werden die Opfer auch nicht als autonomes Individuum betrachtet. Das ist eine Erklärung dafür, dass die Wünsche des Opfers nicht respektiert werden. [Mullen 2000, S.125]

Die meisten dieser Täter weisen Merkmale von Persönlichkeitsstörungen auf. Aufgrund der Kürze ihres Stalking-Vergehens, kann oftmals keine Diagnose über die vorliegende Persönlichkeitsstörung gestellt werden.

Der *Incompetent Suitors* ist schwer zu stoppen. Auf der einen Seite reagiert er zwar relativ schnell auf juristische Sanktionen, aber auf der anderen Seite kann man sein nächstes Auftreten als Stalker definitiv vorhersagen. Er gehört somit zu der Gruppe Stalker mit der größten Rückfallquote, da er sich oft gesellschaftlich ausschließlich über sein Stalking definiert. Um seine Angriffe einstellen zu können, müsste er gegenüber seinem Opfer empathiefähig sein, was er aber nicht ist. Hierbei ist noch zu betonen, dass je psychisch „normaler" der *Incompetent Suitors* ist, desto schwerer ist es, ihn von seinem Stalking-Verhalten abzuhalten. Er begreift die Schwere seines Vergehens nicht, da sein Handeln für ihn zur Normalität gehört. [Mullen 2000, S.127]

Case example

„One of the men seen in our clinic was severely disabled by a lack of appropriate social skills. He was of good intelligence but had had lifelong problems interacting with others. [...] This man had never had any close relationship.[...] His peculiarities had been tolerated by fellow workers until he kept approaching a young female co-worker and inviting her out. Despite the refusals he continued to repeat his request and took to following her home and standing outside her house. He finally lost his job because of his refusal, or inability, to curb the harassment of this woman. [...] He was referred to the clinic after repeatedly approaching and pestering a young woman at a local station with requests for a date. He had harassed this woman on a daily basis for several months before finally being arrested and charged. [...]"[Mullen 2000, S. 124]

5.1.4 The Resentful (Der Ärgerliche)

Bei diesem Typ des Stalkings steht der Wunsch nach Ängstigen und Bedrängen im Vordergrund. Der Grund für das Vorgehen von *Resentful Stalkern* ist häufig Rache an einem Menschen, von dem er glaubt, dass dieser ihm unrecht getan hat. In der Fachliteratur wird dabei von Blutrache gesprochen, obwohl dieser Typ selten zu Gewalttätigkeiten neigt. Bei Nachforschungen über den *Resentful Stalker* Typ hat man festgestellt, dass sich der Täter selbst nicht als Täter, sondern als Opfer sieht.

Man kann diesem Stalker zum einen zum Opfer fallen, wenn man einer Person aus seiner Vergangenheit ähnelt, unter der er gelitten hat (wie z.B. die Eltern, Verwandte aber auch Vorgesetzte und Lehrer). Er projiziert dann seine negativen Erfahrungen auf das jeweilige Opfer. Andererseits können Menschen sein Opfer werden, wenn diese ihm seines Erachtens geschadet haben.

Juristische Sanktionen haben bei diesem Stalker den größten Erfolg, wenn sie frühzeitig stattfinden. Umkehrschluss bedeutet das, je länger man mit der Bestrafung wartet, desto schwieriger ist es, ihn von seinem Vorhaben abzubringen.

Case example

„Joseph had worked for 32 years in a large government department that was soon be privatized. He was informed that this would result in the loss of 200 jobs, including his own. He lived alone and had few interests outside his work. [...]

Predictably, he did not cope well with his enforced retirement. He felt it was pointless at the age of 56 to pursue another career. Instead he spent much of his time ruminating and writing letters to his local member of parliament and to newspapers maligning the member and his government. One night he saw the local member of parliament in a television news item attending al glittering state function with his attractive wife. He phoned the politician's private residence and threatened to ruin his family life, the way he ruined his life. He felt a sense of triumph when the incident was reported in the newspaper and was consoled by the realization that his oppressors were finally paying for the suffering they had caused. The threatening calls continued. Joseph's campaign of terror was brought to an abrupt end after a phone trace led to his arrest. The fine he received only aggravated his financial hardship, but he suspended his stalking activities despite his continued hatred for politicians. He ist receiving counselling. [Pathe 2002, S.27]

5.1.5 The Predatory (Der Räuberische)

Das Verhalten des *Predatory* Stalker ist stets ein Mittel zum Zweck. Und zwar verfolgt dieser Stalker-Typ das Ziel, sein Opfer sexuell anzufallen. Dieses Ziel wird von ihm geplant und vorbereitet, indem er sein Opfer beobachtet und somit seinen Tagesablauf kennen lernt. Es scheint so, als würde er durch bloße Beschattung seines Opfers bereits sexuell erregt. Es liegt auch nicht im Interesse dieses Stalkers, dass die Opfer seine Taten erahnen. Er will bei der Beobachtung unerkannt bleiben, um in Ruhe seinen Übergriff zu planen. Man kann die Beobachtungsphase auch als Vorspiel deklarieren. Obwohl bei diesem Typ Stalker, das sexuelle Verlangen im Vordergrund steht, sind viele seiner Charaktereigenschaften mit denen der anderen Stalker-Typen vergleichbar. Er hat ebenfalls Schwierigkeiten längerfristige zwischenmenschliche Beziehungen herzustellen und aufrecht zu erhalten. Er fühlt sich meistens seinen Mitmenschen gegenüber sexuell unterlegen. Allerdings ist diese Tätergruppe geschlechtsspezifisch. Mit einigen wenigen Ausnahmen, sind alle Täter Männer. Ihre Opfer können jedoch Männer, Frauen oder auch Kinder sein. [Mullen 2000, S.98, 99] Laut einer Untersuchung von Mullen, auf die ich in Punkt 5.2 näher eingehen werde, beträgt das Durchschnittsalter dieses Typs 32 Jahre. Die Hälfte aller ist zumindest zeitweilig berufstätig und lediglich zwei von den 145 befragten Stalkers gaben an, in einer intimen Beziehung zu sein, wobei hier die Qualität der Beziehung nicht näher definiert wurde. Die Dauer des Deliktes war hierbei im Vergleich zu den anderen Stalking-Typen recht kurz und sie bedienten sich vergleichsweise selten bedrohlicher Methoden. Sie sind stille Verfolger und Beobachter. Wenn sie sich dem Telefonterror widmen, sind es anonyme obszöne Anrufe. Viele von ihnen sind schon in ihrer Vergangenheit mit dem Gesetz in Konflikt geraten. In den meisten Fällen sind sie bereits wegen Sexualstrafdelikten vorbestraft. Dennoch muss hierbei betont werden, dass dieser Stalker-Typ kein gewöhnlicher Sexualstraftäter ist, sondern für ihn das Verfolgen und Beobachten den Reiz ausmacht und nicht die Tat als solches. Obwohl bei diesen Stalkern die Häufigkeit der Bedrohungen relativ gering war, kam es letztlich bei den Untersuchungen von Mullen in 50% aller Fälle zu sexuellen Angriffen. Die Gefahr hierbei ist, dass sie sich im Vorfeld nicht zu erkennen geben und die Opfer zu spät erkennen, in welcher Gefahr sie sich befinden. Es gibt zwar während des „Vorspiels" keine bedrohlichen Komponenten, dafür sind sie aber am Ende ihres Vergehens umso gefährlicher. [Mullen 2000, S.101] Ein geringes Selbstwertgefühl und wenig Selbstwirklichkeit in sozialen Beziehungen, die gekoppelt sind mit geringen sexuellen Erfahrungen und Intimitäten, charakterisieren den „Predatory Stalker". [Mullen 2000, S.98, 99]

Bei diesen Tätern kommt es vergleichsweise häufig zu folgenden sexuellen Perversionen, die als sexuelle Erregungen durch Objekte und Situationen charakterisiert sind und nicht Teil eines normativen Schemata sind:

→ Telefonanrufe/Telefonsex beginnen häufig mit legalem kommerziellem Telefonsex und endet bei illegalen obszönen Anrufen.

→ Exhibitionismus, dabei hat der Stalker sexuelle Fantasien und Antriebe, wenn er die Möglichkeit hat, sich vor ahnungslosen Personen zu entblößen.

→ Voyeurismus/ Fetischismus, dabei kommen Voyeuristen meist an ihre Tatorte zurück, wo sie bereits Erfolge hatten. Ihr Verhalten kann direkt als Stalking bezeichnen werden, da sie sich im Verborgenen aufhalten, um Menschen in intimen Situationen zu beobachten. Fetischisten hingegen benötigen zur Befriedigung ihrer Fantasien keine Personen, sondern Dinge, die mit den Personen direkt in Verbindung stehen, wie z. B. Frauenunterwäsche.

→ Pädophilie haben in ihrer Fantasie oder in ihrer Realität, sexuelle Kontakte zu Kindern. Insbesondere bei sexuellem Missbrauch gehen häufig Stalking-Delikte voraus. Dass heißt, die Täter haben ihre Opfer vorab über einen längeren Zeitraum beobachtet, um ihre Verhaltensweisen auszuspionieren.

➔ Masochismus/ Sadismus, hierbei geht es in erster Linie um psychische und physische Leiden und um Kontrolle. Stalking befriedigt häufig schon sadistische Fantasien. Der Täter dringt in die Privatsphäre des Opfers ein und versucht so die Kontrolle über das Leben des Opfers zu bekommen. Durch das Schüren von Angst beim potentiellen Opfer, kommt dieser Täter zur Befriedigung seines erotischen Verlangens. Dieses Verhalten spielt bei fast allen Stalkern eine Rolle, bei dem „Predatory Stalker" ist es jedoch meist die zentrale Motivation für ihr Vorgehen. [Mullen 2000, S.110]

Case example

„Andrew had a long history of sexually offensive behaviour. While on parole for the rape of a 14-year-old girl he resumed his previous pattern of cruising pas high schools in his car and following teenage schoolgirls. He was particularly drawn to a 13-year-old student and he repeatedly tailed her as she walked home. He twice drove up beside her and offered her a ride, but on each occasion the girl fled. He also secretly photographed his victim and the images were incorporated into his sexual fantasies. When the girl's mother reported Andrew's activities and his car registration number to the police the parolee was promptly apprehended and returned into prison." [Pathe 2002, S.29]

5.2 Stalking-Verhalten und Merkmale in Abhängigkeit des Typus

Mullen et al haben 1999 diesbezüglich empirisch geforscht. Ihre klinisch ausgerichtete Studie war darauf ausgerichtet das Verhalten, die Motivation und die Psychopathologie des Stalkers zu erklären. Hierzu wurden 145 Stalker befragt, die sich zu dieser Zeit in einer psychiatrischen Klinik befanden. Die meisten Stalker waren dabei Männer (79%, N=114). Viele von ihnen waren arbeitslos (39%, N=56). 52% (N=75) hatten niemals eine intime Beziehung. Ihre Opfer waren Ex-Partner (30%, N=44), Psychologen o.ä. (23%, N=34), Arbeitskollegen (11%, N=16) und Fremde (14%, N=20)

Mullen et al betrachteten dabei die fünf von Mullen kategorisierten Stalker-Typen: *Rejected, Intimacy Seeker, Incompetent Suitor, Resentful and Predatory.* Dabei fanden sie heraus, dass beim Rejected Stalker 82% männlich waren, beim *Intimacy Seeker* 72%, beim *Incompetent Suitor* 81%, beim *Resentful* 75% und beim *Predatory* waren es sogar zu 100% Männer. Das durchschnittliche Alter belief sich beim Rejected auf 38,1 Jahre, beim *Intimacy Seeker* auf 38,2 Jahre, beim *Incompetent Suitor* auf 34,8 Jahren, beim *Resentful* auf 39,1 Jahre und die Kategorie der *Predatory* Stalker waren im Durchschnitt die Jüngsten mit 29,7 Jahren. Zum Zeitpunkt der Befragung waren vom Typus *Rejected* Stalker 14% in einer Beziehung, vom *Intimacy Seeker* 10%, vom *Incompetent Suitor* 24%, vom *Resentful* 25% und vom *Predatory* waren es 14%. Erwerbstätig waren zu diesem Zeitpunkt 75% der *Rejected* Stalker, 42% der *Intimacy Seeker*, 59% der *Incompetent Suitor* Stalker, 62% der *Resentful* und 62% der *Predatory* Stalker. Im Durchschnitt betrug die Stalking-Phase beim *Rejected* Stalker 38,3 Monate, beim *Intimacy Seeker* 34,9 Monate, beim *Incompetent Suitor* 14,3 Monate, beim *Resentful* 13,8 Monate und beim *Predatory* 8,8 Monate. Der *Rejected* Stalker hat im Durchschnitt 5,1 Methoden zur Belästigung angewandt, der *Intimacy* 3,9, der *Incompetent Suitor* 3,4, der *Resentful* 4,1 und der *Predatory* 3,0. Die Drogenmissbrauchsquote lag beim *Rejected* bei 29%, beim *Intimacy Seeker* bei 23%, beim *Incompetent Suitor* bei 16%, beim *Resentful* bei 32% und beim *Predatory* bei 14%. 51% aller *Rejected* Stalker wurden vorher bereits wegen anderer krimineller Delikte verurteilt, ebenso 31% aller befragten *Intimacy Seeker*, 26% aller befragten *Incompetent Suitor*, 48% aller *Resentful* und 86% aller *Predatory* Stalker.

Tabelle 12 Stalking-Typologie

[aus: Mullen 2000, S. 77]

Variable	Rejected (n=58)	Intimacy Seeker (n=54)	Incompe-tent (n=24)	Resentful (n=24)	Predatory (n=8)	Significance
Male	82%	72%	81%	75%	100%	0.43
Age	38.1 (11.3)	38.2 (11.4)	34.8 (9.5)	39.1 (11.2)	29.7 (7.4)	0.21
Currently partnered	14%	10%	24%	25%	14%	0.39
Currently employed	75%	42%	59%	62%	62%	0.01
Stalking duration in month	38.3 (47.7)	34.9 (41.7)	14.3 (12.9)	13.8 (11.2)	8.8 (11.5)	0.01
Number of harassment methods	5.1 (1.5)	3.9 (1.6)	3.4 (1.2)	4.1 (1.5)	3.0 (0.9)	0.000
Substance abuse	29%	23%	16%	32%	14%	0.66
Prior criminal convictions	51%	31%	26%	48%	86%	0.02

5.3 Risikoeinschätzung des jeweiligen Stalker-Typen

Oftmals kann man die oben erläuterten Täterprofile nicht eindeutig voneinander abgrenzen. Es gibt zum Beispiel Mischformen der jeweiligen Stalker-Typen und es gibt Stalker-Typen, die nicht eindeutig in die oben beschriebenen Kategorien einzuordnen sind. Dennoch sollte man in Stalking-Fällen immer versuchen, dass Risiko einzuschätzen. Zur Einschätzung des jeweiligen Risikos hat Mullen in Zusammenhang mit seiner Täterkategorisierung eine Risikotabelle erstellt, die insbesondere für die Beratungsarbeit und die allgemeine Präventionsarbeit von Stalking eine große Hilfe darstellt. Diese Tabelle ermöglicht das Ablesen der Gefahr der jeweiligen Stalking-Situation und lässt erkennen, wo die „gefährlichen" Schwerpunkte im Verhalten jedes einzelnen Typs liegen. Dabei wird ein Versuch unternommen einzuschätzen, bei welchem Täter welche Gefahren liegen, um somit das Eskalationspotenzial abzuwägen und auch um effektiv zu intervenieren. Hierbei wird zwischen den eigentlichen Eskalationen, der jeweiligen Dauer des Stalkings, dem erneuten Wiederholen der Taten, nach dem vermeintlichen Ende und zwischen dem Ausmaß der psychischen und sozialen Schädigungen der Opfer unterschieden. Generell ist hierbei zu betonen, dass jeder Typ Stalker gefährlich ist und nicht unterschätzt werden darf. Amerikanische Studien belegen, dass 29-41% aller Stalking-Opfer einer Form von Bedrohung ausgesetzt waren. Bei forensischen Untersuchungen des Gerichts lag die Prozentzahl sogar bei 60%. Die Bedrohungen werden von den Stalkern als ein Mittel zum Zweck missbraucht. Sie wollen damit ihre Opfer kontrollieren und manipulieren, indem sie Angst schüren.

50% aller Stalking Fälle dauern in der Regel nicht länger als 14 Tage. Dies ist meistens der Fall, wenn der Täter ein Unbekannter ist. Im Gegensatz dazu dauert das Stalking-Delikt in 50% aller Fälle länger als 14 Tage, wenn der Täter ein Bekannter ist. In den meisten Fällen sogar mehrere Monate, bis hin zu Jahren, wenn nicht effektiv interveniert wird. Einige Stalker–Typen sind ausdauernder (the intimacy seeker) als die anderen, wie man der Tabelle entnehmen kann.

Die Faktoren Ausdauer und Wiederholung sind eng miteinander verbunden. Bei einigen Vergehen haben die Opfer lediglich Ruhepausen, wenn ihre Peiniger inhaftiert sind. Meist wurden sie gleich nach Entlassung wieder rückfällig. Insbesondere Täter, die an Persönlichkeitsstörungen leiden, sind meistens Wiederholungstäter. Stalker mit der größten Ausdauer in Verbindung mit vermehrten Wiederholungstaten leiden meist an Persönlichkeitsstörungen und Drogenmissbrauch. [Mullen/MacKenzie 2004, S.60]

Tabelle 13 Varying levels of risk

Risks	Rejected	Intimacy Seeker	Incompetent Suitor	Resentful	Predatory
Assault	High	Low	Low	Low	High
Threats	High	Moderate	High	High	Low
Persistence	Moderate	High	Low	Moderate	Low
Recurrence in this relationship	High	High	Low	Low	Low
Recurrence in new relationship	High	Low	High	Moderate	High
Psychological and Social Damage	High	Moderate	Low	High	High

[aus: Mullen/MacKenzie 2004, S.57]

Unabhängig von dem Typ des Stalkers, hat Meloy ein Phasenmodell entwickelt, das beschreibt, welche Phasen von einem Täter während seines Stalkings durchlaufen werden. Dieses Modell ist sehr wichtig, um eventuelle Vorhersagen für ein mögliches Verhalten des Stalkers vorzunehmen. Hierbei muss jedoch betont werden, dass nicht jeder Stalker alle Phasen bzw. nicht in dieser Reihenfolge durchlaufen muss und dass es auch Stalker-Typen gibt, deren Verhalten man nicht in dieses Modell integrieren kann, da sie andere Phasen ihres Stalkings durchlaufen.

5.4 Meloys 6-Phasen Modell

1. **Phase:** Der Stalker entwickelt eine idealisierte Vorstellung von seinem Opfer, er bewundert es, schwärmt und verbindet sich emotional mit ihm. In dieser Phase entsteht eine narzisstische Vereinigung mit dem Opfer.

2. **Phase:** In dieser Phase kommt es zu ersten Annäherungsversuchen seitens des Täters, die mit Ablehnung und Zurückweisung beantwortet werden.

3. **Phase:** Durch die Erfahrung der Zurückweisung, die im starken Kontrast zu den „Vereinigungsfantasien" des Täters steht, kommt es in dieser Phase zu einer starken narzisstischen Demütigung, die mit der Empfindung von Scham und Erniedrigung verbunden ist.

4. **Phase:** Die Konsequenz aus der dritten Phase ist eine wütende Reaktion des Täters.

5. **Phase:** Aus der narzisstischen Liebe wird in dieser Phase Hass. Das Opfer wird abgewertet und der Täter versucht es zu verletzen, zu dominieren und zu ruinieren.

6. **Phase:** Wenn die Ziele des Täters in Phase 5 zum Erfolg geführt haben, kann die narzisstische Vereinigungsfantasie wieder hergestellt werden. Der Täter sieht sich jetzt wieder dem Opfer überlegen und die Realität wirkt jetzt nicht mehr störend auf seine Vorstellungen. Dies zeigt wieder eindeutig, dass bei der Pathologie eines Stalkers die Bereiche der Abwertung und der Idealisierung eng beieinander liegen. Hierbei zeigt sich ganz deutlich, dass diese Personen an einem Realitätsverlust leiden. [Voß 2004, S.43/44]

Die Jagd nach dem Opfer nach Meloy

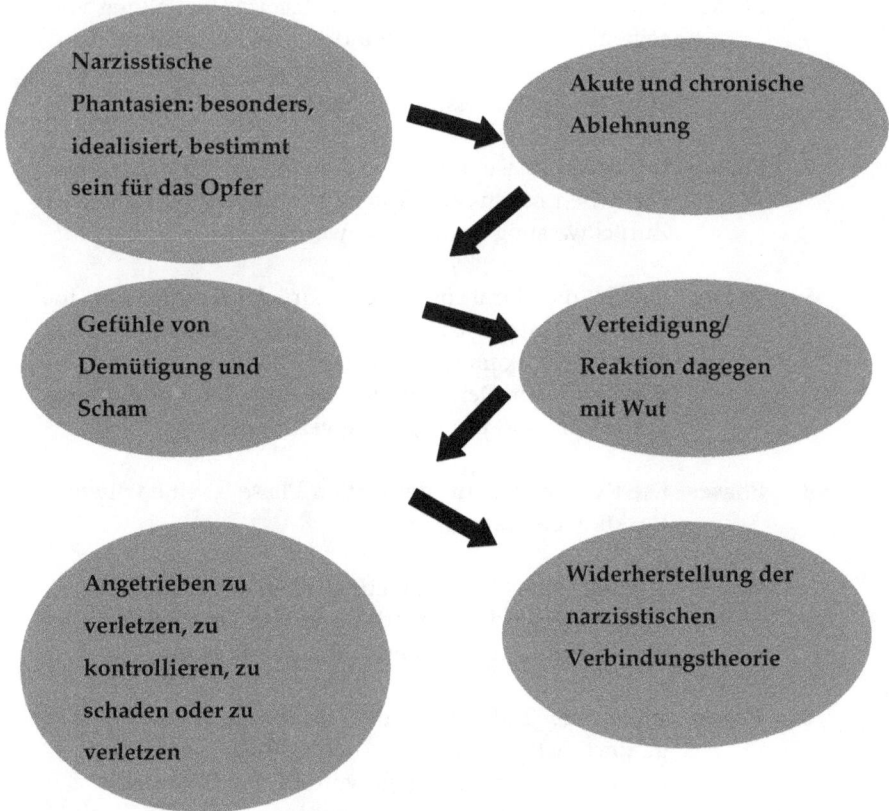

Narzisstische Phantasien: besonders, idealisiert, bestimmt sein für das Opfer

Akute und chronische Ablehnung

Gefühle von Demütigung und Scham

Verteidigung/ Reaktion dagegen mit Wut

Angetrieben zu verletzen, zu kontrollieren, zu schaden oder zu verletzen

Widerherstellung der narzisstischen Verbindungstheorie

[aus: Meloy 1998, S.18]

6 Opfer

„Ich wollte nicht als Opfer bezeichnet werden, obwohl ich es zweifellos war. Das Wort Opfer hat für mich immer den Beiklang von Hilflosigkeit, Schwäche, Wertlosigkeit und Machtlosigkeit. Beim Wort Opfer habe ich ein bedauernswertes, trauriges Wesen vor Augen, das sich selbst nicht helfen kann." [Tholen 2004, S.209]

Wenn in der Vergangenheit zum Thema Stalking geforscht wurde, dann immer unter dem Gesichtspunkt der Stalker. Eine Einteilung der Opfer in Kategorien ist eine relativ neue Perspektive. Das meiste Wissen, was man über die Opfer hatte, war ausschließlich aus der prominenten Presse zu entnehmen. Dadurch war es in der Öffentlichkeit unbekannt, dass auch „normale" Personen zu den Opfern von Stalkern zählen. Wäre mehr Zeit in das Erforschen der Opfer investiert worden, wäre das Stalker-Verhalten viel eher einschätzbar gewesen, bzw. gäbe es bereits individuellere Gegenmaßnahmen. Stalking Opfer gibt es im ganzen Land, unabhängig von ihrem Geschlecht, ihrer Rasse oder ihres Alters.

Da aber insbesondere in Deutschland immer noch sehr wenig über das Phänomen Stalking bekannt ist, fällt es Medizinern, Psychologen oder Sozialarbeitern schwer den Opfern konstruktive Interventionsmaßnahmen zu vermitteln. Deshalb ist es wichtig, dass auch hier Opferforschung betrieben wird.

1984 untersuchte Jason et. al. 50 Frauen in Chicago, die nach Beendigung einer zwischenmenschlichen Beziehung länger als einen Monat gestalkt wurden.

92% dieser Frauen gaben an, unentwegt telefonisch belästigt worden zu sein, 26% von ihnen wurden verfolgt und beobachtet, 24% bekamen Briefe oder ähnliches (entweder permanente Liebes- oder Drohbriefe) und 30% von ihnen wurden körperlich genötigt. 42% aller untersuchten Opfer gaben an, dass während der Beziehung zu ihrem Ex-Partner nichts auffällig erschien. Wohingegen 24% behaupteten, dass sich ihr Ex-Partner schon während der Beziehung merkwürdig verhalten hat. 20% gaben sogar an, dass er in seinem Verhalten seltsam war und 14% wurden bereits in der Beziehung mit diesem Partner psychisch oder physisch missbraucht. [Mullen 2000, S.38]

Eine größere Opferstudie wurde von Jones 1996 durchgeführt. Diese Studie analysierte die Daten von dem „Uniform Crime Reporting Survey". Die Daten aus dem Survey kamen von 130 Polizeidienststellen in Kanada. Während des Untersuchungszeitraumes wurden 7472 Personen gemeldet, die Opfer von Stalking-Delikten geworden sind. 80 % dieser Opfer waren Frauen. Die von Jones durchgeführte Untersuchung konzentrierte sich bei der Auswertung ihrer Daten auf die Beziehung zwischen Opfer und Täter. 33% aller Opfer wurden von ihrem Ex-Ehemann gestalkt. Und in 14% aller Fälle war es zumindest ein Ex-Intimpartner. In 28 % aller Fälle handelte es sich bei dem Täter um einen flüchtigen Bekannten und 5% aller befragten Opfer gaben an, dass es sich bei dem Täter um ein weiteres Familienmitglied handele. Weitere 5 % wurden von ihrem Arbeitskollegen und nur 8 % aller Fälle von einem Unbekannten gestalked.

Hierbei war auffällig, dass insbesondere weibliche Opfer von ihren Ex-Partnern gestalked werden (56 %), wohingegen die männlichen Opfer häufiger von ihren flüchtigen Bekannten belästigt werden (46 %). [Mullen 2000, S.40]

Welche Täter-Opfer-Konstellationen es geben kann, soll in dem folgenden Punkt geklärt werden.

6.1 Charakterisierungen der Opfer und Beziehungskonstellationen

Es gibt sehr unterschiedliche Klassifikationssysteme für die Opfer von Stalking-Delikten, wobei sich jedoch alle auf die Beziehungen zwischen Opfer und Täter beziehen. Zona (1993) unterscheidet lediglich zwischen früherer Beziehung und keiner früheren Beziehung. Die frühere Beziehung unterteilt sie jedoch auch noch einmal in Bekannter, Kunde, Nachbar und professionelle Beziehung (z. B. Therapeut). Die Kategorisierungen haben sich aus ihren Studien ergeben, da diese Beziehungskonstellationen fast ausschließlich vorgekommen sind. Meloy und Gothard (1995) unterteilten in die Kategorien: Unbekannter und Ex-Partner. Meloy spezifizierte seine Einteilung 1996 noch in frühere Partner, frühere Bekannte und Unbekannte. Meloys Einteilungen basieren auf seinen

Erfahrungen bei Gericht. Er hat bereits 180 publizierte Stalking-Studien vor Gericht ausgewertet und hat somit herausgefunden, dass Täter und Opfer sich meistens kannten. [Degen 1999]

Mullen hat folgende Typologie für Stalking-Opfer aufgestellt: ex-intimates, casual acquaintance and friends, professional contacts, workplace contacts, strangers and famous, unusual victims and secondary victims. Was sich genau hinter der jeweiligen Kategorie verbirgt, wird in den nächsten Punkten näher erläutert. [Mullen 2000, S.45]

6.1.1 Ex-Intimates

Diese Kategorie ist die größte. Das am häufigsten vorkommende Opferprofil ist hierbei eine Frau, die eine intime Beziehung zu ihrem jetzigen Peiniger hatte, der in der Regel männlichen Geschlechts ist. Ex-Intimates können somit Ex-Ehepartner, aber auch Ex-Lebens-partner oder frühere Freunde sein. Bei diesen Stalking-Fällen ist auffällig, dass viele Opfer bereits während ihrer Beziehung Opfer waren, d. h., das Stalken hat hier bereits in der Beziehung begonnen, entweder in Form von ständigem Misstrauen dem Partner gegenüber (in Form von Eifersucht und Kontrolle) und damit verbunden das Nachspionieren oder Hinterhertelefonieren oder aber auch in Form von körperlichem oder seelischem Missbrauch. Konkret heißt das, dass 80 % aller Frauen, die von ihren Ex-Partnern gestalked wurden, auch in ihrer Beziehung körperlich missbraucht wurden. 30 % von ihnen berichteten von sexuellem Missbrauch bereits in der Beziehung. Während der Beziehung hat das Verhalten schon so den Beziehungsablauf bestimmt, dass es für die Opfer dieser Kategorie oft schwer ist, aus der Beziehung auszubrechen. [Tjaden/Thoennes 1998 in Mullen 2000, S.46]

Die Opfer dieser Gruppe sind meist sehr hartnäckigen Tätern ausgesetzt. Insbesondere wenn gemeinsame Kinder vorhanden sind, ist es schwierig legale Sanktionen auszusprechen, da die Täter, die auch noch Väter sind, meist ein legales Besuchsrecht für die Kinder besitzen. Diese Täter versuchen meist über die Kinder an die Frau zu gelangen, oder sie machen Falschaussagen vor Gericht, um ihrer Ex-Frau zu schaden. So hat z. B. ein Mann vor Gericht behauptet, dass seine Ex-Frau ihre beiden gemeinsamen Kinder misshandeln würde. Diese böswillige Taktik führte dazu, dass die Frau das Sorgerecht für ihre Kinder verlor.

Zu den Ex-Intimates gehören auch die Ex-Partner, die nur eine kurze Beziehung mit dem Opfer hatten. Diese Täter sind jedoch statistisch gesehen meist nicht so gewalttätig, wie Täter aus langjährigen Beziehungen, da sie weniger Emotionen in diese Beziehung investiert haben. Wenn sich die Opfer aus solchen Beziehungen zu lösen versuchen, reagieren die Stalker meist kindisch verletzt und böswillig, um damit Schuldgefühle beim Opfer auszulösen.

Die Opfer dieser Kategorie haben es meist in ihrem Umfeld sehr schwer. Familie und Freunde reagieren hier häufig mit Kopfschütteln und erkennen nicht den Ernst der Lage. Ganz im Gegenteil, sie machen das Opfer selbst dafür verantwortlich, da es sich den Partner ganz alleine ausgesucht hat. Opfer haben davon berichtet, dass sich ihre Ex-Partner immer als intelligent und charismatisch dargestellt haben, dass sich der Partner nach Beendigung der Beziehung als Stalker herausstellen würde, war somit vorher nicht absehbar. [Pathe 2002, S.44] Selbst Hilfseinrichtungen reagieren in diesen Fällen häufig inkompetent, indem sie den Opfern sagen, dass sie ihren Peiniger provoziert haben und sie somit allein für das Fehlverhalten verantwortlich wären.

6.1.2 Casual acquaintances and friends

Zu dieser Kategorie zählen Nachbarn und Freunde. In dieser Gruppe fungieren am häufigsten Männer als Opfer. Insbesondere der Intimacy Seeker und der Incompetent Suitor beginnen ihre Stalking-Aktivitäten nach einer Freundschaft oder in einer Nachbarschaftsbeziehung. Wohingegen der Rejected Stalker eher nach einer zerbrochenen Freundschaft mit dem „Stalken" beginnt. Das „Nachbarschaftsstalking" wird meist von einem Resentful Stalker vollzogen. Das Opfer ist meist vorher schon Opfer in einem Nachbarschaftsstreit, in dem es um Banalitäten wie Garten, Zaun oder Lautstärke geht. Der Nachbar entwickelt im Laufe der Zeit Neid und Eifersucht und sehnt sich nach Rache. Seine Gewalttaten reichen von Belästigungen über körperliche Angriffe, bis hin zum

Ermorden des Haustieres und Einbrechen in Haus und Auto. Durch diese Art des Stalkings ist meist die gesamte Familie betroffen und leider werden hierbei auch häufig die Kinder involviert.

Case example

"Pam and Craig were happy in their home in the suburbs until Tom, an elder bachelor, moved in next door. He was an irascible and suspicious recluse who rejected their attempts to be neighbourly. A seemingly minor dispute over fence repairs – Tom believing he had been overcharged by Craig – escalated into a veritable war that remained confines to the neighbourhood setting. Tom was convinced, in the absence of any evidence, that the couple were 'drug dealers' and that they ran an illegal brothel at home. He reported these activities to the police on countless occasions, but their investigations failed to expose anything untoward and they ceased to respond to his calls.
Tom surrounded his home with an elaborate assortment of booby traps to keep the neighbours from trespassing. He frequently intruded on their property, however, depositing newspaper cuttings on their doorstep. He repeatedly uprooted Pam's plants, believing them to be drug crops. He once adorned the front of their house with a banner saying 'whorehouse'. He sat in his kitchen at night, binoculars and camera at the ready, watching the activity in the next-door bedroom. He photographed Craig and Pam's visitors (convinced they were clients or junkies). He paid a schoolboy to conduct a letter box drop in the immediate neighbourhood anonymously warning other of the evil in their midst and inciting them to take action against the couple. Fortunately, Tom's allegations had little credibility amongst the neighbours, who had known Craig and Pam for many years. Although Tom was generally viewed as a 'paranoid, demented old man' the objects of his resentment were well and truly at the end of their tether. Police cautions had minimal impact on Tom's harassing behaviour, any dispute resolution process seemed doomed to fail and a protective injunction would similarly prove difficult enforce as long as they continued to live in close proximity to the harassing party. After considerable debate and police advice they moved to another suburb. Tom made no attempt to pursue them, having achieved his aim to evict them." [Pathe 2002, S.44]

6.1.3 Professional contacts

Insbesondere Mediziner, Juristen, Lehrer und Sozialarbeiter sind besonders gefährdet, wenn es um Stalker geht, da diese Gruppe von jedem Stalker-Typ belästigt werden kann. Bei einem therapeutischen Verhältnis gehen hier die Gefahren insbesondere von dem Rejected Stalker aus.

Jeder Experte, der mit isolierten und gestörten Personen zusammenarbeitet und ihnen Aufmerksamkeit widmet, läuft Gefahr Opfer zu werden, da diese ihnen zugewandte Aufmerksamkeit fehlinterpretiert werden kann. Die Psychiaterin Dr. Doreen Orion beschreibt in ihrem Buch „I Know you really love me" eine Stalking-Leidensgeschichte eines weiblichen Patienten, der unter Erotomanie leidet. [Orion 1997] Manche Ärzte und Therapeuten schränken ihr Verhalten ein, da sie befürchten, dass es falsch ausgelegt werden könnte.

Bei diesen Stalking-Fällen kommt es selten zu Gewalttaten. Diese Opfer werden meistens mit Anrufen, Briefen oder Geschenken belästigt. Diese Fälle sind meist frustrierend für die Experten, weil die Belästigung unverdient ist. In solchen Fällen stellen die Opfer meist ihren Beruf in Frage.

Case example

„Teresa, a 37-year-old general practitioner, was working in the country when she first met her stalker. Forty-year-old Vince presented with minor' flu symptoms and requested a medical certificate. He expressed his delight that he would be seen by Teresa and not by her 60-year-old male colleague, for whom she was doing a six month locum. He made several discomforting and inappropriate comments about Theresa's physical appearance and probed her for personal details such as where she was living and with whom. Teresa politely discouraged his over familiarity, but she found it difficult to end the consultation because he wanted to stalk about loneliness and 'depression', the stressors in his life and his thoughts of suicide. Teresa listened sympathetically and arranged for him to see a counsellor. The next day Teresa was greeted at work by a large bouquet of flowers, with the accompanying message 'to the new doc with the beautiful brown eyes',

signed by Vince. Although she again felt uneasy, she took comfort in the expectation that he would be seeing the counsellor and the infatuation would pass. However, Vince never pursued the referral. He instead arrived at the medical practice up to dozen times a week, with various minor complaints. He also brought more flowers and gifts of confectionery 'for the secretary'. As the sole practitioner, Teresa initially felt obliged to see Vince but eventually confronted him. She made it patently clear that a relationship was not a consideration and that she would be leaving within a few months. He claimed he understood and would not pester her further at the clinic, but instead he turned up at her home. He offered help Teresa around the garden. She insisted she did not want him around so he waited in his car outside her house and sounded his horn whenever she arrived home, claiming he was just making sure she got home safety.

Teresa was reluctant to involve the police because Vince was a patient and he had confided that he had suicidal tendencies, but she felt threatened by his intrusions and especially his apparent inability to accept the purely professional nature of their relationship. The police warned Vince to stay away from the doctor, threatening to charge him with stalking. Vince heeded the caution and the last wheels of Teresa's locum were tense but uneventful." [Pathe 2002, S.46]

6.1.4 Workplace contacts

Manche Opfer begegnen ihren Peinigern täglich an ihrem Arbeitsplatz. Das Täter-Opfer-Verhältnis ist hierbei meistens Arbeitgeber – Arbeitnehmer oder umgekehrt. Die Motivation dieser Stalking-Delikte ist hierbei meist der Ärger bzw. die Abneigung gegenüber dem Chef bzw. dem Mitarbeiter. Meistens kommt es zwischen den beiden Parteien zu einem Vorfall, z.B. einer disziplinarischen Maßnahme, die das Ego des Täters angegriffen hat, da er sich ungerecht behandelt gefühlt hat. Diese Opfer sind meist Zielobjekte des *Resentful Stalkers*. Das U.S. Department of Justice hat herausgefunden, dass jedes Jahr, in den Jahren 1992 bis 1996, über zwei Millionen Einwohner der USA Opfer eines brutalen Verbrechens bei der Arbeit werden. Diese Taten setzen sich aus 1,5 Millionen Körperverletzungsdelikten, 51000 Vergewaltigungen,

84000 Überfälle und über 1000 Morde zusammen. 40 % aller Opfer kennen die Täter. [Pathe 2002, S.49]

De Becker sagt in seinem Buch „Mut zur Angst", dass es auch Tötungen aus Rache geben kann, wenn sich ein Angestellter gedemütigt fühlt, aber es gibt auch häusliche Gewalt am Arbeitsplatz, wenn ein Ehemann seine Frau an ihrem Arbeitsplatz aufsucht und diese dort misshandelt oder terrorisiert. Und es gibt sogar Morde im Affekt (Totschlag), wenn ein Angestellter seinen Hass auf die Welt an seinem Arbeitsplatz Luft verschafft. „Die Angst vor Gewalt am Arbeitsplatz ist verständlich, denn am Arbeitsplatz werden viele von uns gezwungen, mit Leuten umzugehen, die wir eigentlich gar nicht kennen wollen." [De Becker 2001, S.196]

Zirka die Hälfte aller Stalker lauert ihrem Opfer während der Arbeitszeit auf. Das wiederum bedeutet eine erhöhte Gefahr auch für die Arbeitskollegen, insbesondere wenn die Opfer ihre Kollegen nicht von ihrem Leid benachrichtigen. Das liegt aber mit unter auch an der Tatsache, dass manche Kollegen und Chefs das Opfer gar nicht ernst nehmen, sodass es zwar geneigt ist von seinem Schicksal zu berichten, aber dennoch nichts davon Beachtung findet. [Mullen 2000, S.50]

Case example

„Mr. W., a 27 year-old married journalist, presented to our clinic after being stalked for approximately six month by Ms. Z., a 39-year-old unmarried female clerk who worked in the same building. He had transferred from a country posting eight month earlier and recalls Ms. Z. approaching him soon after his arrival and commenting that he resembled her favourite TV star. A week later, photocopied posters of the TV star appeared around the walls at work. Mr. W. dismissed this as a childish joke on his worker's part, but over the ensuing weeks and month he was bombarded with hang-up phone calls, which rotated between his work number, his home phone, his mobile phone and even his wife's work phone, at one time receiving 400 calls over a 45-minute period. Mr. W. then received a series of anonymous faxed messages, usually movie or book reviews, and on one occasion he received movie tickets through the departmental mail. These were accompanied by a none too sub tile

*handwritten message that read: "To the guy with the movie star looks –
come join me at a movie soon' which was signed 'your biggest fan".
Convinced that Ms. Z. was responsible, Mr. W confronted her but she
laughed and denied any involvement. She none the less continued to visit
his floor and hover near his work station,, on the pretext of delivering
legitimate messages to co-workers. Mr. W. threatened to complain to
management but she seemed unfazed. After month of harassment he finally
approached his supervisor, who seemed to think it was a bit of a joke. The
victim subsequently intercepted a rumour that he and Ms. Z. were having
an affair. Apparently his work colleagues had accepted this at face value,
despite the unlikely nature of the union. That same day a taxi cab arrived at
his home address, ordered in his wife's name. His wife contacted him and
demanded to know precisely what was going on between him and that
woman. His explanation was met with scepticism and, devastated at the ef-
fect of the false rumours upon this reputation and marriage and alarmed
that Ms. Z. managed to access his personal file including his residential
address., Mr. W. again approached his employer, threatening him with a
lawsuit unless appropriate disciplinary action was taken. Prompt action did
ensue on this occasion, an investigation revealing that Ms. Z. had indeed
made many calls from her work extension to Mr. W. and his wife. When
confronted, she admitted her activities and conceded there had been no
affair, as much, she lamented, as she'd have liked one. Mr. W. subsequently
learnt that, over 18-year-old period Ms. Z had worked there, no fewer that
four other male employees had been subjected to similar harassment. While
on this occasion, at his insistence, definitive action was taken (Ms. Z. was
suspended pending the outcome of criminal proceedings on charges of
stalking), disillusionment with the unassertive management style of his
employers and the development of disabling anxiety symptoms forced Mr.
W. to abandon his chosen career. [Mullen 2000, S.51]*

6.1.5 Strangers

Opfer dieser Kategorie haben vor dem Stalking keinen Kontakt zu
ihrem Täter gehabt. Da der Täter hier unbekannt ist, bedeutet das für
das Opfer meist eine erhöhte Alarmbereitschaft und eine nicht
einzuschätzende Gefahr. Meistens werden diese Opfer von einem
Intimacy-Seeker oder einem *Incompetent Suitor* Stalker verfolgt. Der

Täter gibt seine Identität hierbei meist sehr spät preis. Damit will der Stalker bei dem Opfer noch mehr Angst schüren oder das Opfer soll ihn vor der Tat schon einmal gesehen haben.

Der *Intimacy-Seeker* sucht seine Opfer meist nach dessen Status oder Prominenz oder nach seiner Attraktivität aus. Dieser Täter ist ebenso geneigt Gewalt anzuwenden, wie die anderen Täter, allerdings kommt bei ihm erschwerend hinzu, dass er eine große Ausdauer hat und von seinem Vorhaben von nicht abzubringen ist.

In diese Kategorie fallen auch viele Sexualstraftaten, wo Frauen von Männern vergewaltigt werden, die sie noch nie zuvor gesehen haben und die zum einen aufgrund ihrer Attraktivität ausgewählt wurden und zum anderen weil sie „zur falschen Zeit am falschen Ort" waren. [Mullen 2000, S.52]

Case example

"Mr. F. was a 22-year-old man of Greek immigrant parents who was referred to our clinic by the Court for a pre-sentence psychiatric assessment. He had been convicted of stalking a 19-year-old shop assistant and misuse of telecommunications equipment. He presented as a rather immature and shy man with limited verbal skills but he was reasonably forthcoming at interview, expressing some guilt for his actions which he summed up as 'stupid ... it was really dump'. It transpired that one day almost a year previously Mr. F. had been browsing for jeans in a clothing shop near the home he shared with his parents. He was approached by the sales assistant, an attractive woman who greeted him with his friendly smile and offered to help him find his correct size. As he tried the jeans on he envisioned the young woman as his girlfriend and felt highly sexually aroused. He wanted to ask the shop assistant out but lacked the confidence; he instead put the jeans aside, ostensibly to further contemplate the purchase, but with the actual intention of returning to speak with the girl of his dreams. Mr. F. claimed to have made multiple further attempts to engage this woman but simply felt too awkward to proceed to ask her out on a date. Instead, he hovered outside the shop, mostly out of sight, trying to catch glimpses of her at work. He admitted also to following her to her car at the end of her shift and to watching her and a group of females as they lunched at a nearby shopping mall. He became preoccupied with her, and she became the focus of

his sexual fantasies. One day, he calls her anonymously from a pay phone opposite the shop, but was paralysed with anxiety and said nothing. However, on the second occasion a day later he asked her about the lingerie she was wearing proceeded to make a number of lewd suggestions before she hung up. He made a further 8 calls, all obscene, before the police intercepted. [...] "[Mullen 2000, S.53]*

6.1.6 Secondary Victims

In der Regel ist nicht nur eine einzige Person vom Stalking betroffen, sondern eine Vielzahl von anderen Personen werden indirekte Opfer des Stalkers. Eine beliebte Zielscheibe ist der aktuelle Partner des Opfers, der dem Täter „ein Dorn im Auge ist", und der ihn bei seinem Vorhaben stört, so dass er ihn tyrannisiert. Insbesondere beim *Intimacy Seeker* und beim *Incompetent Suitor* Stalker wird der Lebenspartner des Opfers als Rivale betrachtet, der besiegt werden muss. Unter diesen Voraussetzungen ist der Partner einer größeren Gefahr ausgesetzt, als das eigentliche Zielobjekt. Insbesondere der *Rejected* Stalker zeigt sich schockiert, über eine bestehende Liebesbeziehung zu einem anderen Partner. In der Realität haben die Opfer durch das Stalking meist keine Zeit oder auch kein Vertrauen eine neue Partnerschaft aufzubauen, so dass dieser beschriebene Fall seltener eintritt. Häufiger werden Familienangehörige, Arbeitskollegen oder Freunde des eigentlichen Opfers zu Opfern. Sie werden als störend betrachtet und der Stalker unterstellt ihnen, sein Opfer der Begierde zu beeinflussen oder von ihm abzuschirmen. Er gibt ihnen die Schuld dafür, dass er mit dem Opfer nicht in Kontakt kommen kann. [Pathe 2002, S.48]

Case example

„*After Maria ended her relationship with her boyfriend of 18 months he refused to leave her alone. He phoned her up to 60 times a day and frequently called at the home she shared with her parents and brother. He begged her to reconsider, offering her marriage a lots of babies, but some occasions he arrived intoxicated and was verbally abusive. Maria's family were extremely protective, refusing to allow him any contact with her. He berated and threatened them, stabbing the tyres on the brother's car and shattering the mother's pot plants. Then, after returning one day from an outing in the park with two-year-old niece, Maria received an anonymous call – undoubtedly her stalker – threatening to harm the child.*

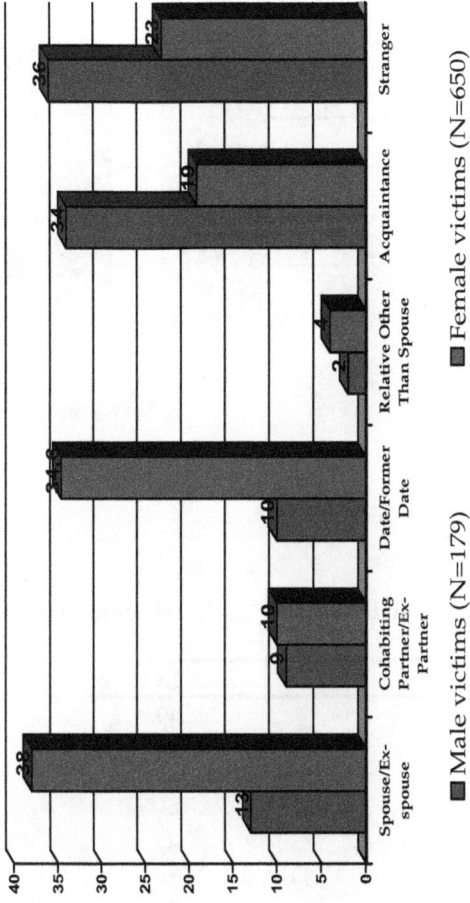

Abbildung 6 Relationship between Victim and offender - USA

[aus: Tjaden/Thoennes 1998, S.6]

Abbildung 7 Relationship between victim and Offender - GB

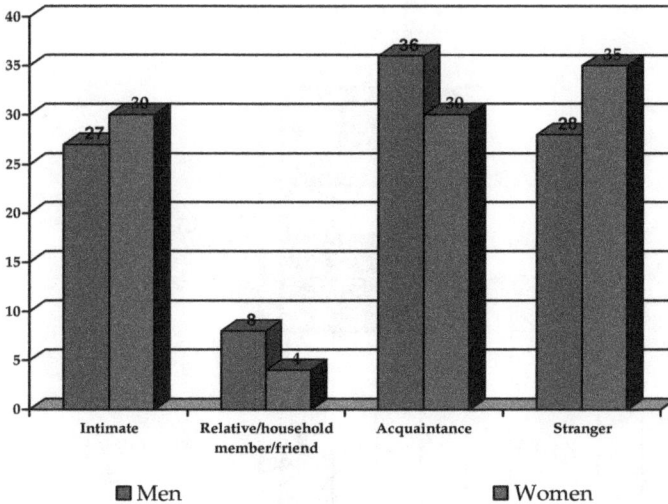

Men   Women

[aus: Budd/Mattinson 2000, S.28]

Tabelle 14 Täter-Opfer-Beziehung nach Bettermann in Deutschland

Der Täter war	In Prozent
Ex-Partner/in	49
Bekannte/r	14
Fremde/r	8
Arbeitskollege/in	8
Sonstiges (z.B. Nachbar/in, Hausmeister/in)	8
Freund/in	5
Professionelle Beziehung (Klient/in, Patient/in)	4
Ex-Partner/in von Partner/in	3
Familienmitglied	2

[aus: Bettermann/Feenders 2004, S.26]

6.2 Exkurs: Prominente Opfer

Weil das Phänomen Stalking insbesondere durch das Prominenten-Stalking populär geworden ist, stelle ich hier die Sichtweisen und Untersuchungen in der Fachliteratur zu diesem Bereich dar. Prominente und Politiker haben in der Regel eine große Präsenz in den Medien und sind somit behaftet von vielen Rollen und Klischees. Man begegnet ihnen ständig im Fernsehen oder in der Zeitung und identifiziert sich mit ihnen. Man pflegt sozusagen eine einseitige Beziehung, indem man ihre Sendungen im Fernsehen verfolgt, oder eine Zeitschrift nur deshalb kauft, weil gerade ein neuer Bericht über sie erschienen ist. Dennoch ist sich jeder bewusst, dass diese Person nicht im eigenen sozialen Netzwerk agiert, sondern eine Medienpersönlichkeit repräsentiert, die für den „normalen Menschen" unerreichbar ist.

Star-Stalkern fällt es sehr schwer zu erkennen, dass der Prominente, für den sie schwärmen, eine mediale aber keine private Rolle einnimmt, d.h. sie haben dem Prominenten einen festen Platz in ihrem Leben zugeschrieben. Sie versuchen über verschiedene Kommunikationsmedien Kontakt zu ihrem Star aufzunehmen, um damit ihrer Liebe oder Zuneigung Ausdruck zu verleihen. [Hoffmann 2004, S.102]

„Normale Fans" wenden sich auch häufig per Brief oder per E-Mail an ihren Star, um ein Autogramm oder ein paar nette Worte von ihm zu erhalten. Normalerweise ist dies nicht bedenklich, sondern es gehört auch zu den Aufgaben von Prominenten, ihre Fangemeinde zu pflegen, um sie langfristig an sie zu binden, da sie ausschließlich aufgrund ihrer Fans berühmt sind. Erst, wenn die Botschaften bedrohlich werden, oder zum Mittelpunkt des Lebens des Fans werden, kann man hier von Stalking sprechen.

„In their quest for attention and identity, these individuals go „to the people who have the most identity to spare: famous people." [Mullen 2000, S. 56]

1989 wurde der erste populäre Stalking-Fall in den USA bekannt, wodurch auch eine Welle des Stalking-Phänomens ausgelöst wurde und die Bundesstaaten zum Handeln gezwungen waren. Rebecca Schaeffer war eine junge Schauspielerin, die unter anderem in der Serie *„My Sister Sam"* agierte. Sie wurde im Alter von 21 Jahren von dem 19 jährigen Fan Robert John Bardo ermordet. [Hoffmann 2004, S.102] Die Liste, der betroffenen Prominenten ist lang. Einige sind auch in Deutschland bekannt, wie z.b. Madonna, Nicole Kidman, Steven Spielberg, Martina Hingis. Aber auch die deutschen Stars sind nicht von dem Phänomen verschont geblieben. Steffi Graf, Katharina Witt aber auch Sabine Christiansen sind Namen, die man in diesem Zusammenhang bereits gehört hat. [aerztezeitung 2004] Obwohl die Stalking-Problematik erst durch das Prominenten-Stalking die gewünschte Aufmerksamkeit erhalten hat, gibt es kaum empirische Befunde zu diesem Thema. Aus diesem Grund hat sich eine Gruppe des Stalking Projektes der Universität Darmstadt dieser Problematik angenommen und eine empirische Untersuchung mit 36 beantworteten Fragebögen durchgeführt. [Hoffmann 2000, S.30] Die Rücklaufquote betrug hier 90%. Eine Übertragbarkeit auf alle TV-Prominenten kann somit vorgenommen werden. Eine Übertrag-barkeit auf alle weiteren prominenten Personen ist jedoch nicht möglich, da ausschließlich TV-Prominente befragt wurden, die aufgrund ihrer ständigen und kontinuierlichen Präsenz im Fernsehen eventuell schneller zu Opfer werden können. Bei diesen TV-Prominenten ist es oft leichter eine emotionale Verbindung aufzubauen, als bei anderen prominenten Opfern. Bei der Befragung gaben 72% der Prominenten an, Opfer obsessiver Fans gewesen zu sein. Die Durchschnittsdauer der Belästigung lag bei 21 Monaten. Bei einem Fall betrug die Dauer des Stalkings sogar über 10 Jahre.

Bei dieser Untersuchung kam heraus, dass die Stalker über Medien, wie Telefon und Briefe, versuchen ihre Opfer zu erreichen. Zunehmend ist eine Kontaktaufnahme über E-Mail zu verzeichnen. Dies bestätigt die Tendenz bei „nicht-prominenten" Stalking. E-Mail ist auch hier wieder eine sehr einfache, unkomplizierte und anonyme Möglichkeit, um den ersten Kontakt mit dem Opfer herzustellen. Dennoch war bei dem Prominenten Stalking zu beobachten, dass in vielen Fällen die Fans ihre Namen und Adressen mit angegeben haben. In der Hoffnung, dass sich ihre Auserwählten mit ihnen in Verbindung setzen und ihre Gefühle erwidern. Selbst wenn die Liebesschwüre in Drohungen umschlugen, gaben die meisten Stalker ihren Namen und ihre Adresse mit an, obwohl das vor Gericht gegen sie verwendet werden könnte. Der Klang und die Art und Weise des Schreibstils variierten von kindlichen Formulierungen bis hin zu selbst geschriebenen poetischen Gedichten. Diese konnten entweder Liebesbotschaften beinhalten oder aber auch massiv ausgesprochene Drohungen sein. Insbesondere bei dem Fan-Stalking, kommt es zu Versendungen von Präsenten. Diese Geschenke können Kuscheltiere oder Bilder sein, in einigen extremen Fällen, werden aber auch Körperflüssigkeiten wie Urin, Sperma oder Blut verschickt. [Hoffmann in Bettermann/Fenders 2004, S.105]

42% aller befragten Prominenten gaben an, dass sie mindestens einmal in ihrer Karriere von einem Fan persönlich belästigt wurden, z.B. an ihrer Arbeitsstelle aber auch in ihrem privaten Umfeld.

Des Öfteren wurde berichtet, dass die Stalker am Anfang noch darauf achteten, unbemerkt zu bleiben. Diese Phase der Beobachtung konnte sich durchaus über einen längeren Zeitraum hinwegziehen, bevor sich der Fan zum ersten Mal outete.

Nun stellt sich die Frage, wer die Star-Stalker sind und was sie von dem „normalen" Stalker unterscheidet. Aber auch hierbei ist zu sagen, dass bei den Star-Stalkern ebenso viele unterschiedliche Verhaltensmuster und Persönlich-keitsstörungen auftreten, wie bei allen Stalker-Typen. *Den Stalker* gibt es nicht, sondern zahlreiche unterschiedliche Motive und Krankheitslehren bestimmen das Verhalten des jeweiligen Verfolgers. Dennoch muss man sich den Star-Stalker laut Voß als einen „unglücklichen" Menschen vorstellen, der Schwierigkeiten hat, von seinem Objekt der Begierde abzulassen, da es ihm immer wieder in Funk und Fernsehen präsentiert wird. [Hoffmann 2004, S.105]

Voß hat versucht die unterschiedlichen Star-Stalker zu kategorisieren, indem er ihre Intentionen bewertet hat. Was für unterschiedliche Absichten und Gedanken sich hinter dem Verhalten eines Star-Stalkers verbergen, soll in den nächsten Punkten näher spezifiziert werden.

6.2.1 Der Prominente als Mitglied in dem sozialen Netz des Stalkers

Bei fast allen Stalkern liegen Schwierigkeiten vor, soziale Beziehungen einzugehen und auch zu halten. Deshalb wird der Star zu einem Teil des Privatlebens gemacht. Auf der einen Seite ist er unerreichbar und der Stalker muss sich nicht mit ihm auseinander setzen, wie mit der sozialen Umwelt und auf der anderen Seite ist er etwas Besonderes, wodurch der Stalker selbst auch einen besonderen Charakter erhält. Er ist somit ein Ersatz für die fehlenden emotionalen und gesellschaftlichen Beziehungen.

Der Stalker neigt dazu, dass er sich von dem Zeitpunkt des Begehrens ausschließlich mit der prominenten Person beschäftigt und sich nicht mehr mit den eigenen Problemen und Schwierigkeiten auseinander setzen muss.

6.2.2 Der Prominente als Geliebter

Bei diesem Phänomen spricht man auch von Erotomanie. Hierbei geht es um Liebesoffenbarungen, die der Stalker dem Prominenten gegenüber vornimmt. Es werden Liebesbotschaften verfasst und kleine aber auch große Geschenke versendet. Der Stalker geht hierbei davon aus, dass seine Liebe erwidert wird und er einzig und allein Anspruch an die Auserwählte stellen darf. In diesem speziellen Fall sind juristische Maßnahmen oft nutzlos, da selbst Inhaftierungen lediglich als Bewährungsprobe für die Liebe angesehen werden und nach Entlassung alles wieder von vorne beginnt. [Voß 2004, S.115]

6.2.3 Der Prominente als Mitglied der Familie des Stalkers

Bei dieser Form des Stalkings nimmt der Prominente einen Platz in der Familie des Stalkers ein. Dies ist häufig bei allein stehenden älteren Personen der Fall. Diese schreiben ihrem Star Briefe, wie sie sie auch ihrem Sohn oder ihrer Tochter schreiben würden. Sie teilen in den Briefen ihre Alltagsroutinen mit, oder was sie sonst für

Erlebnisse hatten. Es kann hierbei auch vorkommen, dass sie Fotos von sich und ihrem Umfeld mitschicken. Sie suchen jemanden, mit dem sie ihr Leben teilen können. Diese Form des Stalkings ist in der Regel harmlos. Im schlimmsten Fall kann es zu Wutausbrüchen seitens der Stalker kommen, wenn das Opfer auf Kontaktversuche mit Zurückweisung reagiert wird. Dennoch ist das als eine Ausnahme zu betrachten. [Voß 2004, S.116]

6.2.4 Der Prominente als Objekt verbotener Sexualität

In diesem Fall geht es um sexuell motivierte Gewalttäter, die ihre Opfer verfolgen, um Macht und Kontrolle auszuüben, oder sich dem Opfer stufenweise annähern, um die sexuellen Wünsche und Fantasien in die Realität umzusetzen. Durch diese stufenweise Annäherung erlangen sie als Voyeur sexuelle Erregung, haben die Möglichkeit das Umfeld des Opfers auszuspionieren und gewinnen durch ihr Handeln Selbstsicherheit. Diese Art des Stalkings ist dennoch häufiger bei nicht-öffentlichen Personen zu beobachten, da hierbei die Berührungsmöglichkeiten größer sind. [Voß 2004, S.116]

6.2.5 Der Prominente als Feind

Diese Form des Stalkings kommt relativ selten zum Tragen. Man versteht hierunter z.B. persönliche Beleidigungen, die sich zu sexuell aggressiven Drohungen steigern können. Diese Stalker weisen häufig dieselben Verhaltensmuster wie Vergewaltiger auf. Sie empfinden sehr häufig eine starke Antipathie gegenüber ihrer jeweiligen Zielgruppe, meistens sind das Frauen. Sie projizieren somit ihren Hass gegenüber einer Gruppe oder Institution auf eine einzige Person. Der bekannteste Fall in Deutschland war der Wolfgang Schäubles, „der an einer halluzinatorischen paranoiden Schizophrenie erkrankte Dieter K. war der Überzeugung gewesen, dass staatliche Sender seinen Körper quälten. Aus seiner Sicht war der Anschlag somit eine Art Notwehr gegenüber dem Feind, der ihm schon lange schwer zusetzte." [Voß 2004, S.117]

6.2.6 Der Prominente als Verschwörer

Bei diesem speziellen Fall leidet der Stalker unter Wahnvorstellungen. Er fühlt sich zu seinem Star hingezogen, weil er meint, sie
beide verbinde ein telepathisches Band. Es kann vor-kommen, dass
der Stalker sein Handeln rechtfertigt, indem er die Meinung vertritt,
er handle im Sinne des Stars, bzw. der Prominente hätte ihm
telepathisch gesagt, wie er zu handeln habe. Dieser Star-Stalker sieht
seinen Star auch in seiner sozialen Umwelt. Er meint, dass hier eine
direkte soziale Verbindung besteht. Erst wenn er merkt, dass dies
nicht so ist, kann sich seine Liebe und Verbundenheit in Hass und
Feindseligkeit umwandeln. [Voß 2004, S.117]

6.2.7 Der Prominente als Wegweiser zum eigenen Erfolg/Ruhm

Bei dieser Art des Stalkings geht es nicht um die prominente Person
selbst, sondern sie wird als Mittel zum Zweck missbraucht. Der
bekannteste Fall dieser Art ist der des John-Lennon-Attentäter, der
seine Absicht wie folgt formulierte: „Ich war Mr. Nobody, bis ich
den größten Somebody der Welt getötet habe." [Voß 2004, S.18]
Selbst Popularität zu erhalten ist bei dem Star-Stalking ein häufig zu
beobachtendes Phänomen. Sie suchen sich berühmte Persönlichkeiten, um dadurch selbst berühmt zu werden. Sie wollen, dass man
über sie spricht, dazu ist ihnen jedes Mittel recht. [Voß 2004, S.18]

Tabelle 15 Kategorien der Opfer

	Ex-Intimates	Casual acquaintances	Professional contacts	Workplace contacts	Strangers	Prominente	Secondary victims
Wer sind die Opfer?	Ex-Partner	Nachbarn, Freunde	Doktoren, Psychologen,...	Arbeitskollegen	Unbekannte	Schauspieler, Sänger, Politiker,..	Ex-Partner
Beginn des Stalkings	Bereits während der Beziehung	Nach Beendigung einer Freundschaft o. bei einem Nachbarschaftsstreit	Während einer Behandlung bzw. Beratung	Nach einem Vorfall zwischen den Parteien	Zu jeder Zeit	Zu jeder Zeit, je größer die Popularität, desto größer ist die Wahrscheinlichkeit	Meist parallel zum eigentlichen Stalking
Motivation/ Auslöser	Trennung	Neid, Eifersucht Rache	Fehlinterpretierte Aufmerksamkeit	Ärger bzw. Abneigung	Attraktivität	Popularität,	Hass, Neid, Eifersucht, Wut
Ziel	Schuldgefühle auslösen	Rache	Beziehung zum Opfer eingehen	Rache	Einen Partner bekommen	Popularität; Partnerschaft mit dem Opfer eingehen	Die neuen Partner des Opfers zu degradieren
Opfergeschlecht	Überwiegend Frauen	Verhältnismäßig viele Männer	Frauen und Männer	Frauen und Männer	Meist Männer	Frauen und Männer	Frauen und Männer
Täterprofil	Rejected	Intimacy und Incompetent	Rejected, Intimacy und Incompetent	Resentful	Intimacy oder Incompetent	Intimacy oder Incompetent	Intimacy, Incompetent, Rejected

6.3 Auswirkung und Folgen des Stalkings auf die Opfer

Die „Arbeitsgruppe Stalking" am Institut für Forensische Psychologie der Technischen Universität Darmstadt hat in Zusammenarbeit mit dem „Weissen Ring e.V." eine Untersuchung bezüglich des Vorkommens von Stalking in Deutschland aber auch in Bezug auf Folgen des Stalkings für die Opfer durchgeführt.

Damit möglichst viele Opfer und auch Täter erreicht werden können, hat sich die Arbeitsgruppe dem Medium des Internets bedient. Dort gibt es eine Projekt-Homepage: www.stalking-forschung.de, wo Opfer aber auch Stalker anonym an der Befragung teilnehmen konnten. Das Messinstrument war hierbei ein eigens entwickelter Fragebogen, der sowohl offene als auch geschlossene Fragen beinhaltete. Für diesen Punkt ist der Teil 3 des Fragebogens relevant, der sich konkret mit den Auswirkungen von Stalking auf die Betroffenen beschäftigt. Die Tabellen und Zahlen im Folgenden beziehen sich auf diese Untersuchung. Die Stichprobe bestand hierbei aus 398 Personen im Alter zwischen 15 und 60 Jahren, wobei das Durchschnittsalter der Befragten bei 35 Jahren lag. Auch bei dieser Befragung überwog das weibliche Geschlecht der Opfer deutlich. Vier von fünf befragten Personen waren weiblich. Diese Zahlen sind somit vergleichbar mit den Ergebnissen anderer Stalking-Studien und somit repräsentativ. [Wondrak 2004, S.25]

In den meisten Fällen befinden sich die Opfer des Stalkings in einer erheblichen Stresssituation. Sie sind einem ständigen Zustand der Ohnmacht und der Hilflosigkeit ausgesetzt, der durch die wiederholenden Belästigungsformen nicht reduziert wird, wie z. B. bei einmaligen Straftaten. [Bettermann 2002, S.22]

Die Auswirkungen und die Folgen des Stalkings auf die Opfer werden aber immer noch deutlich unterschätzt. Sie äußern sich in der Regel auf drei Gebieten: psychisch, körperlich, sozial. Zuerst sind die psychischen Folgen für die Opfer zu nennen, die sich relativ schnell nach Beginn des Stalkings einstellen.

Aufgrund der ständigen Beobachtungen und wie das Wort schon sagt des Psychoterrors, stellt sich laut Tabelle bei 82 % der Befragten ein Gefühl der inneren Unruhe ein. Dieses Phänomen geht häufig einher mit Nervosität und Schreckhaftigkeit. Schreckhaftigkeit kommt insbesondere bei Opfern zum Tragen, die von ihrem Peiniger ständig verfolgt oder beobachtet werden. Aber auch beim Einsatz des Telefons als Waffe kristallisiert sich in der Regel schnell eine gewisse Schreckhaftigkeit bei den Opfern heraus. Alle weiteren aufgeführten Symptome kommen häufig bei Stalking-Opfern vor. Mit großer Wahrscheinlichkeit ist dies jedoch abhängig von der Dauer und der Intensität der jeweiligen Stalking-Delikte.

Gottfried Fischer (Direktor des Kölner Instituts für Psychotraumatologie) nennt das Phänomen „Einschleich-Trauma". Er ist der Meinung, dass die Folgen jahrelangen Psychoterrors vergleichbar mit den Folgen von Flugzeugkatastrophen oder Entführungen seien. Er betont, dass ein Drittel aller Opfer im Alltag nicht mehr „normal" funktionieren könne, sondern unter permanenten Herzkreislaufstörungen leide. [Meyer 2000, Mechanic 2002, 31]

Hinzu kommen noch behandlungsbedürftige Depressionen und Ängste (Panikattacken). Meist haben die Opfer auch noch ein geringes Selbstwertgefühl und leiden unter andauernden Schuldgefühlen. [Siegmund-Schultze 2001]

Tabelle 16 Psychische Auswirkungen bei den Opfern

Psychische Auswirkungen	In Prozent
Gefühl der inneren Unruhe	82
Nervosität, Schreckhaftigkeit	72
Angst	72
Misstrauen gegenüber anderen Menschen	69
Wut, Reizbarkeit, Aggression	68
Depression	49
Panikattacken	33

[Aus: Wondrak in Bettermann/Feenders 2004, S.31]

Aber nicht nur die Psyche wird während eines Stalking-Deliktes in Mitleidenschaft gezogen, sondern es können auch körperliche Symptome aufgrund der ständigen psychischen Belastungen auftreten. Die am häufigsten auftretenden Beschwerden sind Schlafstörungen und Alpträume, was in direktem Zusammenhang mit der psychischen Angststörung steht. Aber auch körperliche Beschwerden, wie der Tabelle 15 zu entnehmen sind, können als Folgen des Stalkings genannt werden.

Tabelle 17 Körperliche Auswirkungen bei den Opfern

Körperliche Auswirkungen	In Prozent
Schlafstörungen, Albträume	69
Magenprobleme	45
Kopfschmerzen	37
Sonstiges (Essstörungen, muskuläre Verspannungen,…)	

[Aus: Wondrak in Bettermann/Feenders 2004, S. 31]

Es gibt zusätzlich in vielen Stalking Fällen auch noch soziale Konsequenzen, die das Opfer zu tragen hat. So kommt es bei einigen Fällen aufgrund von Krankheits- und Fehlzeiten zum Verlust des Arbeitsplatzes. [Tjaden/Thoennes 1998 [2]] Diese Konsequenz bestätigte sich auch in der Darmstädter Untersuchung. Jeder vierte dieser Befragung war öfter krankgeschrieben, aufgrund der oben aufgeführten psychischen und körperlichen Aus-wirkungen. 43 % aller Befragten nahmen deswegen professionelle Hilfe in Anspruch und in drei Fällen führten die Folgen des Stalkings zu einer Berufsunfähigkeit. [Wondrak 2004, S.32]

Aufgrund der oben aufgeführten psychischen Probleme kann es auch zu einem Verlust der sozialen Kontakte kommen, insbesondere durch Veränderung der Lebensumstände. 90 % aller Befragten des Stalking-Projektes der Technischen Universität Darmstadt gaben an, dass sich ihr Verhalten ihren Mitmenschen gegenüber durch das Stalking änderte. Viele Stalking-Opfer sind oft misstrauischer und sind häufig gezwungen ihre Tagesabläufe neu zu planen und zu koordinieren, sodass sie vielfach nicht mehr ihre Freizeitaktivitäten (Sport, etc.) wahrnehmen. Die Aufgabe von Freizeitaktivitäten gaben hierbei 56 % an.

Auch ziehen sich die Betroffenen aus Angst vor neuen Konfrontationen mit ihrem Peiniger in der Öffentlichkeit aus jeglichem öffentlichen Leben zurück. Sie gehen nicht mehr aus und verlieren dadurch ihre sozialen Kontakte. Ihr soziales Netz, was man in schwierigen Situationen besonders bräuchte, löst sich somit auf.

Die Gefahr des Verlustes von Freunden und Bekannten, geht aber auch manchmal von den Freunden selbst aus, da sich in einigen Fällen die Freunde und Bekannte des Opfers aus Angst zurückziehen, selbst Opfer zu werden. [Wondrak 2004, S.32]

7 Umgang mit Stalking

Um beim Stalking wirksam zu intervenieren, bedarf es meist einer Bildung von Teams. Insbesondere bei Verfolgung und Belästigung ist eine Zusammenarbeit von unterschiedlichen Disziplinen wie Psychologen, Polizisten, Juristen und Sozialarbeitern als positiv zu bewerten. Aber auch schon bei der Koordinierung der individuellen Interventionsmöglichkeiten ist es fast unumgänglich, dass diese unterschiedlichen Berufsgruppen im Team zusammenarbeiten. So kann ein Anwalt das Opfer über rechtliche Möglichkeiten informieren, ein Psychologe eine Risikoeinschätzung abgeben und die Sozialarbeiter können das Opfer stärken und Handlungsstrategien vermitteln.

Zuerst muss bei einer wirkungsvollen Intervention entschieden werden, ob offensiv oder defensiv vorgegangen werden soll. Offensive Maßnahmen sind direkte Maßnahmen gegen den Stalker, die ihm als solche bewusst werden. Sie haben das Ziel das Stalking-Verhalten zu beenden. Offensive Maßnahmen beinhalten zum Beispiel juristische und polizeiliche Interventionsmaßnahmen, auf die in dem Punkt 7.1.2 und 7.1.3 näher eingegangen wird.

Der Vorteil des defensiven Vorgehens liegt darin, dass eine Eskalation des Stalkings meistens vermieden wird. Defensive Maßnahmen beinhalten zum Beispiel die Installation einer Alarmanlage. Offensive Maßnahmen sind somit für den Stalker ersichtlich, wohingegen die defensiven Maßnahmen nicht bewusst vom Stalker wahrgenommen werden können. Hin und wieder ist es ausschließlich möglich defensiv vorzugehen, da das Verhalten des Täters nicht änderbar ist und nicht ausreichend Beweise dafür vorliegen, um juristisch zu intervenieren. Liegt ein erhöhtes Risiko für das Opfer vor, muss jedoch sehr schnell und offensiv gegen den Täter vorgegangen werden. Je früher die Chance besteht offensiv vorzugehen, desto größer ist auch die Aussicht auf Erfolg. Da zu Beginn eines Stalking-Deliktes der Täter selbst noch nicht stark emotional in das Geschehen involviert ist und sich dem so leichter wieder entziehen kann.

7.1 Juristische Maßnahmen

Grundsätzlich erweist sich der juristische Umgang mit Stalking in Deutschland häufig noch als schwierig, da Stalking keinen eigenen Straftatbestand darstellt. Dennoch gibt es bereits zum jetzigen Zeitpunkt Mittel, um die Handlungen der Stalker juristisch zu ahnden. Unter juristischen Maßnahmen verstehe ich hier zivilrechtliche, strafrechtliche und polizeirechtliche Schritte. Auf die einzelnen Bereiche werde ich in den folgenden Punkten näher eingehen.

7.1.1 Zivilrechtliche Schritte

Als ersten Schritt sollte der Anwalt des Opfers dem Täter schriftlich mitteilen, dass er sich in Zukunft jeglichen Kontakt mit dem Opfer verbittet. Dies schließt ein Verbot der Annäherung an das Opfer (weniger als 100 Meter) mit ein. Die Annahme dieses Schreibens kann allerdings vom Täter verweigert werden. Deshalb empfiehlt Pechstaedt dem Schreiben eine „strafbewehrte Unterlassungs-verpflichtungserklärung" beizufügen, wodurch sich der Täter bei Zuwiderhandlung zur Zahlung einer Vertragsstrafe verpflichtet. Wenn der Täter gerichtliche Sanktionen oder Sanktionen aus der Öffentlichkeit fürchtet, wird er sich auch an diese Anordnung halten. Dies ist zum Teil abhängig von der Dauer des Stalkings. [Von Pechstaedt 2002, S.49] Je früher diese Schutzanordnungen gestellt werden, desto höher ist die Wahrscheinlichkeit, dass sie beachtet wird, da sich der Täter „noch nicht so festgebissen hat" und leichter aus diesem Kreislauf ausbrechen kann. Er hat womöglich auch noch nicht seinen ganzen Tagesablauf dem Stalking angepasst.

Da diese Erklärung jedoch vom Täter unterschrieben werden muss, ergibt sich hierbei schon die erste Schwierigkeit. Nicht alle Stalker sind bereit dies zu unterschreiben. Trotz Unterschrift handeln die Täter meist gegen ihre Erklärung. Dabei handeln sie meist so, dass ein Nachweis für ihr Verhalten schwer zu erbringen ist.

Wenn der Täter nicht bereit ist diese Erklärung zu unterschreiben, so hat das Opfer die Möglichkeit vor Gericht gegen ihn vorzugehen.

Allerdings hat es in der Zwischenzeit keinen Schutz vor seinem Täter. In diesem Zeitraum kommt es häufig zu Wiederholungstaten. In extrem gefährlichen Fällen schlägt Von Pechstaedt vor, *„sofort den Erlass einer einstweiligen Verfügung zu beantragen"* [Von Pechstaedt 2002, S.49] Hierbei ist zu betonen, dass Stalking von vielen Gerichten in Deutschland noch nicht als gefährlich eingestuft wird und dadurch der Streitwert stark herabgesetzt wird, so dass das Kostenrisiko für den Täter geringer ist und somit seine Hemmschwelle auch durch gerichtliche Maßnahmen nicht erhöht wird.

Eine weitere Schwierigkeit ist, dass Gerichte die Brisanz, also den *„Verfügungsgrund verneinen können, wenn Stalking-Handlungen länger als etwa ein halbes Jahr dauern. Daher ist zu empfehlen, dass die Opfer nicht zu lange zögern, bevor sie rechtliche Schritte unternehmen."* [Von Pechstaedt 2002, S.49]

Ob und inwieweit Sanktionen letztendlich greifen, hängt aber auch vom psychischen Befinden des Täters ab. Täter, die psychisch erkrankt sind, lassen sich demnach schwerer mit Sanktionen abschrecken, als Täter, die keine Störungen aufweisen. Die Täter ohne psychische Störungen unterlassen häufig nach Verhängung eines Ordnungsgeldes oder nach Erstattung einer Strafanzeige ihre Belästigungen. Es kann aber auch sein, dass sie dadurch lediglich vorsichtiger werden, was zu einem erhöhten Unsicherheitsfaktor bei dem Opfer führt, da es nicht mehr abschätzen kann, was der Täter als Nächstes vorhat und wo er sich befindet.

Als Laie ist es schwer zu erkennen, ob Störungen bei dem Täter vorliegen. Wenn man es hierbei mit einem psychisch gestörten Täter zu tun hat, ist es schwer ihn mit gerichtlichen Sanktionen zu beeindrucken, da ihm meist „alles egal" ist und er aus seiner Sicht nichts falsch macht oder nichts zu verlieren hat. Wenn das Stalking jedoch länger andauert, empfiehlt sich die Erhebung einer Unterlassungsklage. Oftmals rät das Gericht zu einem Vergleich. Von diesem rät Von Pechstaedt jedoch ab, da ein Vergleich „die Anwendung des Gewaltschutzgesetzes ausschließt" [Von Pechstaedt 2002, S.50] und dieses, obwohl es ursprünglich nicht auf die Thematik Stalking zugeschnitten war, zurzeit die einzige gesetzliche Grundlage darstellt, gegen die einzelnen Delikte des Stalkings vorzugehen.

7.1.2 Strafrechtliche Schritte

In Deutschland gibt es bis dato lediglich einen Gesetzesentwurf aus dem Bundesland Hessen, der Stalking zukünftig als einen eigenen Straftatbestand deklariert und somit die damit verbundenen Handlungen unter Strafe stellt. Bisher wurde lediglich die Möglichkeit durch Einführung des Gewaltschutzgesetzes 2002 geschaffen, Nötigung, Bedrohung, Körperverletzung, Beleidigung oder Hausfriedensbruch auch im Rahmen häuslicher Gewalt und Stalking unter Strafe zu stellen. Dies war bereits ein Fortschritt in der Bekämpfung des Stalkings, allerdings sind dabei nur einzelne Delikte unter Strafe gestellt worden und nicht die Gesamtheit des Stalkings bzw. z. B. nicht die monatelange Belästigung einer Person durch einen Stalker.

Theoretisch kann bereits jetzt schon ein Täter aufgrund von Straftatbeständen des Strafgesetzbuches zur Verantwortung gezogen werden. Die Praxis sieht jedoch etwas anders aus. Laut §4 Satz 2 Gewaltschutzgesetz wäre ein Straftatbestand gegeben, dennoch greifen die meisten Tatbestände nicht, da *„die Schwelle zur Strafbarkeit nicht überschritten wurde, oder dass Privatklagedelikte mangels öffentlichem Interesse auf den Privatklageweg verwiesen werden."* [Von Pechstaedt 2002, S.51] Dass bedeutet, dass das Opfer den Weg über die Zivilgerichte gehen muss, was mitunter sehr zeitintensiv ist und wiederum ein Kostenrisiko für das Opfer darstellt. Hierbei kommt erschwerend hinzu, dass das Opfer selbst für die Beweise verantwortlich ist, das heißt, es muss eigenverantwortlich ermitteln und wird dabei schnell an die eigenen Grenzen stoßen. Die Polizei hat in diesem Fall viel mehr Möglichkeiten (Kompetenzen) und ist diesbezüglich auch bestens ausgebildet.

An Volkmar von Pechstaedt sind in dem Zeitraum von Januar 2001 bis Dezember 2003 dutzende Stalking-Fälle herangetragen worden. In Bezug auf die strafrechtliche Relevanz hat von Pechstaedt 100 willkürlich ausgewählte Fälle herausgezogen. In 11 von 100 Fällen handelte es sich bei den Opfern um Pseudo-Opfer, d. h., diese 11 Opfer litten unter Wahnvorstellungen und glaubten verfolgt und beobachtet zu werden. In 39 der verbleibenden 89 Fälle lagen zweifelsfrei Straftatbestände gegenüber den Opfern vor. Diese sind der unten aufgeführten Tabelle zu entnehmen. [Von Pechstaedt 2004, S.149]

Tabelle 18 Strafrechtliche Relevanz von Stalking – Taten

Tatbestand	Häufigkeit (N=39)
Körperverletzung (§§223 f. StGB)	12
Bedrohung (§241 StGB)	8
Hausfriedensbruch (§123 StGB)	6
Beleidigung (§185 StGB)	5
Sachbeschädigung (§303 StGB)	5
Falsche Verdächtigung (§164 StGB)	4
Zuwiderhandlung gegen eine gerichtliche Anordnung (§4GewSchG)	4
Verleumdung (§187 StGB)	3
Nötigung (§240 StGB)	3
Diebstahl (§242 StGB)	2
Freiheitsberaubung (§239 StGB)	2

[aus: Von Pechstaedt 2004, S.149 in Bettermann/Feenders 2004]

Nur bei 13 dieser 39 Fälle wurde ein Ermittlungsverfahren eingeleitet. Vier dieser Verfahren wurden eingestellt, drei Täter wurden verurteilt, zwei von ihnen wurden in eine psychiatrische Anstalt eingewiesen und die verbleibenden sechs Fälle sind noch nicht abgeschlossen. [Von Pechstaedt 2004, S.150]
Die geringe Anzahl der eingeleiteten Ermittlungsverfahren lässt sich damit begründen, dass die Opfer aus Angst vor weiteren Kosten von einem strafrechtlichen Prozess Abstand nehmen wollten oder keine Aussicht auf Erfolg sahen, da sie bereits negative Erfahrungen mit dem deutschen Rechtssystem gemacht haben.
In den anderen 50 Fällen wurden lediglich zivilrechtliche Schritte eingeleitet. Polizeirechtliche Schritte
Bei Stalking-Vorfällen können auch *„Standardmaßnahmen nach den Polizeigesetzen der Länder"* [Von Pechstaedt 2002, S.51] durchgeführt

werden. Voraussetzung hierfür ist allerdings, dass die Opfer die Polizei involvieren und um Hilfe bitten. Erst dann können die Polizisten dem Stalker einen Platzverweis aussprechen (z. B. §17 NGefAG), wenn dieser unentwegt vor dem Fenster des Opfers lauert.

In vielen Stalking-Fällen ist die Identität des Täters jedoch noch nicht geklärt. Hierbei könnte die Polizei ebenfalls tätig werden und die Identität feststellen (z. B. §13 NGefAG), damit auch zivilrechtlich gegen den Täter vorgegangen werden kann, denn ohne Identität kann dem Täter auch keine Klage zugestellt werden.

Bei einer polizeirechtlichen Intervention ist es von erheblicher Bedeutung, dass dem Täter bewusst wird, dass die Polizei in seinen Fall involviert ist und gegebenenfalls rechtliche Schritte gegen ihn einleitet. [Von Pechstaedt 2002, S.51]

Hierbei ist von enormer Wichtigkeit, dass die Polizeibeamten engagiert und über Stalking-Fälle aufgeklärt sind. Wenn ein Stalker mit einem schlecht informierten und unengagierten Polizisten konfrontiert wird, kann dies zu einer Bekräftigung des Stalker-Verhaltens führen, da sich der Stalker in seinem Handeln bestätigt fühlt. Die Polizei wurde zwar gerufen, hat aber nicht eingegriffen. Somit schlussfolgert er, dass er im Recht ist und macht jetzt erst recht weiter. [Hoffmann 2002, S.41] Von Pechstaedt betont, dass sich viele Polizisten bei ihm über Handlungsmöglichkeiten in Stalking-Fällen erkundigen. Das beweist, dass auch die Polizei die Brisanz und die Gefährlichkeit von Stalking-Fällen erkannt hat und gut intervenieren kann. Des Weiteren hat Von Pechstaedt an Stalking-Tatorten viele Polizeibeamte getroffen, die über Stalking bestens informiert waren und somit einen guten Schutz für die Betroffenen darstellten. Als gutes Beispiel erwähnt von Pechstaedt hierbei die Polizei Bremen, die einen kostenlosen Opfer-Notruf unter der Telefonnummer: 0800 – 2800 110 eingerichtet hat. [Von Pechstaedt 2002, S.51]

Die nachfolgende Tabelle gibt Auskunft darüber, wie viele Opfer in den USA die Polizei eingeschaltet haben. Die Untersuchung ist Teil des *National Violence Against Women Survey*, U.S. Department of Justice aus dem Jahre 1998.

Tabelle 19 Percentage and Characteristics of Stalking Cases Reported to the police, by Sex of Victim

Reported to Police/Response	Stalking Victims (%)		
	Male	Female	Total
Was case reported to the police?	(N = 178)	(N = 641)	(N = 819)
Yes	47.7	54.6	53.1
No	52.3	45.4	46.9
Who reported the case?*	(N = 84)	(N = 350)	(N = 434)
Victim	75.0	84.0	82.3
Other	25.0	16.0	17.7
Police Response* **	(N = 84)	(N = 350)	(N = 434)
Took report	66.7	68.6	68.0
Arrested or detained perpetrator***	16.7	25.1	23.5
Referred to prosecutor or court	19.0	24.3	23.3
Referred to victim services*	8.3	15.1	13.8
Gave advice on self-protective measures	29.8	34.0	33.2
Did nothing	16.7	19.4	18.9

* Based on responses from victims whose stalking was reported to the police.
** Percentages exceed 100 percent because of multiple responses.
*** Differences between males and females are significant at ≤.05.

[aus: Tjaden/Thoennes 1998, S.16 [1]]

Hieraus wird ersichtlich, dass etwas mehr als die Hälfte aller betroffenen Frauen die Polizei informieren und etwas weniger als die Hälfte aller Männer. In 82,3 % aller Fälle haben die Opfer selbst Anzeige erstattet. Lediglich in 17,7 % waren es andere. Die Resonanz der Polizei war Folgende:

In 68 % aller Fälle verfassten die Polizisten einen Bericht. In lediglich 23,5 % der Fälle kam es zu einer Verhaftung, in 23,3 % der Fälle wurde der Fall dem Staatsanwalt übergeben, 13,8 % der Opfer wurden Schutzmaßnahmen angeboten und 33,2 % von ihnen haben Ratschläge zu Selbstschutzmaßnahmen erhalten. In 18,9 % aller Fälle ist nichts unternommen worden. Meines Erachtens werden in Deutschland die Statistiken diesbezüglich schlechter ausgefallen, aufgrund der noch bestehenden Gesetzeslücke.

Tjaden und Thoennes haben in dem *National Violence Against Women Survey* weiter untersucht, warum lediglich nur jedes zweite Opfer die Polizei informiert. Sie sind zu dem Ergebnis gekommen, dass 20 % aller Opfer der Ansicht waren, dass ihr Fall keine polizeiliche Angelegenheit war und 17 % von ihnen gaben an, dass die Polizei nichts hätte ausrichten können. 16 % fürchteten eine Vergeltungsmaßnahme seitens des Stalkers und vertrauten sich deshalb nicht der Polizei an. 12 % der befragten Opfer waren der Meinung, dass sie die Angelegenheit selbst am besten lösen könnten und 7 % vertrauten sich anderen Stellen an. Weitere 7 % waren der Meinung, dass die Polizei ihnen nicht glauben würde und 6% gaben an, dass es ihre Privatangelegenheit war. 5 % wollten die Polizei nicht einschalten, da sie eine Einmischung seitens der Gerichte mit allen Konsequenzen fürchteten und 4 % sahen ihre Verletzungen als zu gering an.

Abbildung 8 Victims`Reasons for Not Reporting Stalking to Police

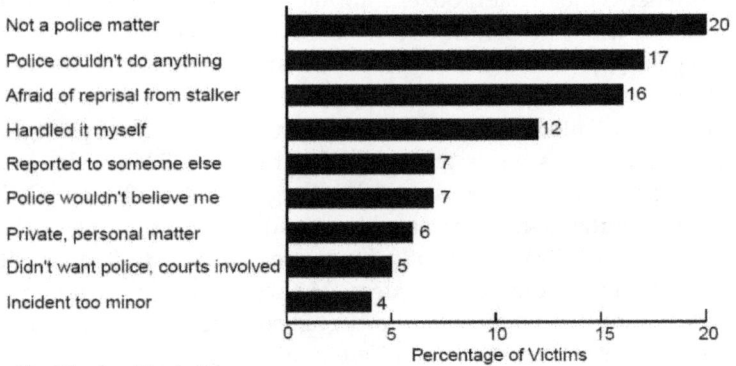

* N = 348 male and female victims.

[aus: Tjaden/Thoennes 1998, S.16 [1]]

In dieser Untersuchung wurde zugleich noch die Opfer-
zufriedenheit mit den Aktionen der Polizei untersucht. Dabei hat
sich gezeigt, dass die Hälfte aller Hilfesuchenden mit den
Maßnahmen der Polizei zufrieden war und die Einstellung vertrat,
dass die Polizei alles in ihrer Macht stehende getan hat.

Abbildung 9 Victims ' Satisfaction with the Police

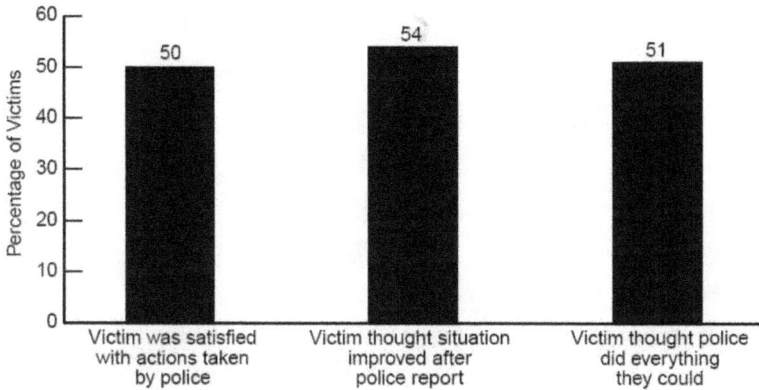

[aus: Tjaden/Thoennes 1998, S.17 [1]]

Die Opfer, die unzufrieden mit den Reaktionen der Polizei waren, wurden weiterhin befragt, was die Polizei hätte besser machen können. 42 % der Befragten hätten sich eine Verhaftung des Täters gewünscht. 20 % von ihnen gaben an, dass sie sich gewünscht hätten, dass ihre Angelegenheit ernster genommen worden wäre. 16 % von ihnen verlangten mehr Schutz, 14 % gaben an, dass sie den Täter hätten verwarnen müssen, 13 % wünschten sich mehr Unterstützung, 12 % sehnten sich nach besseren Recherchen und 5 % bemängelten, dass der Täter laufen gelassen wurde.

Abbildung 10 Victims' view of Other Actions Police should have taken

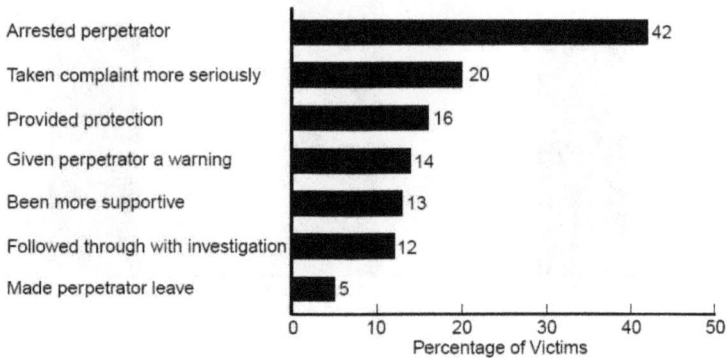

Action	Percentage
Arrested perpetrator	42
Taken complaint more seriously	20
Provided protection	16
Given perpetrator a warning	14
Been more supportive	13
Followed through with investigation	12
Made perpetrator leave	5

Percentage of Victims

* N = 201 male and female victims who thought police should have done more.

[aus: Tjaden/Thoennes 1998, S.17 [1]]

7.2 Psychosoziale Maßnahmen

Zusätzlich zu den juristischen Maßnahmen sind psychosoziale Maßnahmen in den meisten Stalking-Fällen erforderlich. Opfer können so zum Beispiel die Hilfe von Frauenhäusern, Psychologen/ Pädagogen und spezifischen Beratungsstellen in Anspruch nehmen, um sich über Präventions- und Interventionsmöglichkeiten zu informieren und gegebenenfalls Zuflucht und Schutz zu erhalten. Hierbei wird auch versucht, die psychischen Belastungen der Opfer zu minimieren und durch Aufklärung über ihre Situation verstehen die Opfer meist ihre Situation besser und erhalten wieder ansatzweise Kontrolle über ihr Leben zurück und können so besser einschätzen, wie ihr Täter weiter vorgehen wird. (**Kontrollgewinnung**)
Je nachdem welche Art der Beratung seitens der Opfer in Anspruch genommen wird, sollten die Berater gegebenenfalls weitere kompe-

tente Ansprechpartner nennen. Dazu zählen Anwälte, Polizei und eventuelle Selbsthilfegruppen und Psychologen/Pädagogen. (**Ansprechpartner nennen**) Stalking-Opfer könnten am besten betreut werden, wenn die genannten Stellen zusammenarbeiten würden. So könnten die jeweiligen Fähigkeiten und das spezielle Wissen gemeinsam genutzt werden, indem sie sich gegenseitig ergänzen. Besonders wichtig ist das persönliche Verständnis und die damit verbundene Empathiefähigkeit, die seitens des Beraters vorhanden sein muss.

Bei einer effizienten Arbeitsweise sollte bei der Unterstützung und Aufklärung des Opfers eine explizite Arbeitsbeziehung festgelegt werden. (**Arbeitsbeziehung festlegen**) Das heißt, es sollen alle Ziele definiert werden, die während der Zusammenarbeit entwickelt werden sollen. (**Gemeinsame Ziele festlegen**) Dem Opfer sollte eine mögliche Therapiemaßnahme zum einen zur Reduzierung der Stresssituation und zum anderen um Verhaltensmaßnahmen für die Opfer vorgeschlagen werden. (**Eventuell Therapie vorschlagen**) Insbesondere muss eine Aufklärung über die Verhaltensweisen des Stalkers stattfinden. Viele Opfer schätzen ihren Stalker als unberechenbar und verrückt ein. Dies bedeutet für die Opfer einen erhöhten Stressfaktor, da ein Kontrollverlust eine extreme Belastungssituation darstellt. Wenn den Betroffenen aufzeigt wird, wie der Stalker wahrscheinlich fortfahren wird und warum er so handelt, nimmt das den Betroffenen ein wenig ihre Ungewissheit. (**Risikofaktoren nennen**) Im besten Fall reichen die Beweismaterialien aus, um eine individuelle Analyse des Falls vorzunehmen. Das kann mehr Klarheit in den Fall bringen und das Opfer vor Gefahr schützen.

Hierbei muss jedoch nicht nur eine Aufklärung über die Verhaltensweisen des Stalkers stattfinden, sondern dem Opfer müssen auch Verhaltensmaßnahmen erklärt werden. Den ersten Aspekt nennt Hoffmann die *„Konsequente Kontaktvermeidung mit dem Stalker"*. [Hoffmann 2002, S.36] (**Verhaltensempfehlungen**) Hierbei sind Konsequenz und Eindeutigkeit die wichtigsten Faktoren. Das Opfer soll dem Stalker nur einmal und das möglichst präzise mitteilen, dass es keinen weiteren Kontakt zu ihm wünscht. Daraufhin ist es notwendig, dass das Opfer zukünftig alle weiteren Annäherungsversuche des Täters konsequent ignoriert und abgeblockt. Das schließt auch eine Ignoration von Briefen, E-Mails, SMS und Telefonaten ein. Dies kann mitunter sehr schwierig sein, da sich der Stalker provoziert fühlt und vehement versucht, mit dem Opfer in Kontakt zu treten. Er droht dem Opfer häufig oder appelliert an sein Mitgefühl. Dennoch darf sich das Opfer nicht darauf einlassen, unabhängig davon, welche Mittel er einsetzt. Das erfordert eine ungeheure Stärke von dem Opfer, da der Täter meist sehr ausdauernd und penetrant vorgeht. Lässt das Opfer jedoch von seiner Strategie ab und antwortet dem Stalker, hat dieser sein Ziel erreicht und gewinnt wieder Macht über sein Opfer, weil er dies als Zeichen also Zusage seiner Person sieht. Nun wird er nicht von seinem Opfer ablassen, da er merkt, dass seine Ausdauer belohnt wird. Meist führt dieses Verhalten auch zur Expansion der Stalking-Handlungen, dies ist ein aus der Lernpsychologie ableitbares Verhaltensmuster. [Hoffmann 2002, S.36]

Ein weiterer wichtiger Punkt ist die *„Dokumentation des Stalking-Verhaltens"*. [Hoffmann 2002, S.36] Viele Opfer werfen in ihrem Frust über die ständigen Briefe und Nachrichten alle Beweismaterialien in den Abfalleimer. Somit werden alle zur Beweis-führung wichtigen Dokumente vernichtet. Je mehr Beweise das Opfer sammelt, desto größer ist die Wahrscheinlichkeit, dass es eine reelle Chance hat, den angestrebten Prozess zu gewinnen. Diese Dokumente dienen nicht nur der Beweisführung, sondern sie sind auch wichtig für Psychologen oder Kriminalbeamte zur Erstellung eines individuellen Risikoprofils, um die Gefahr, in der sich das Opfer befindet, einzuschätzen und somit produktiv einer Eskalation des Stalkings vorzubeugen und dem Opfer den bestmöglichen Schutz zu gewähren.

Wichtig für das Opfer und sein soziales Umfeld ist die *„Bekanntmachung des Stalking-Vorfalls im Umfeld"*. [Hoffmann 2002, S.37]

Das Opfer hat man zusätzlichen Schutz, falls der Täter über Freunde oder Familie versucht Kontakt aufzunehmen oder sich zu nähern. Dadurch wird auch verhindert, dass der Täter an zusätzliche Informationen über das Opfer gelangt.

Aber auch die Bekanntgabe am Arbeitsplatz ist sehr wichtig. So kann es dort zu keinen Missverständnissen kommen, wenn der

Stalker versucht, dass Opfer z. B. zu blamieren oder ständig beim Arbeitsplatz erscheint und das Opfer belästigt.

Häufig sind die Opfer gezwungen ihren Wohnort zu wechseln, um dem Stalking ein Ende zu bereiten. Die Stalker werden jedoch mit allen Mitteln versuchen, den neuen Aufenthaltsort des Opfers heraus zu bekommen. Diese Gefahr ist nicht zu unterschätzen der Umzug sollte bis ins kleinste Detail geplant werden. (**Distanz schaffen**)

In einigen ganz schwierigen Fällen sind die Opfer sogar gezwungen, ihr gesamtes soziales Umfeld aufzugeben und an einem geheimen Ort ein neues Leben zu beginnen. Die US-Stalking-Experten nennen diese Maßnahmen den „sozialen Tod" (social death). Sie wird nur in Erwägung gezogen, wenn alle weiteren Maßnahmen zu keiner Beendigung des Stalkings geführt haben und wenn das Leben des Opfers in großer Gefahr ist. Diesbezüglich haben Kamphius und Engelkamp eine empirische Untersuchung durchgeführt. Diese ist im Themenheft Stalking, Ausgabe 4/2002 erschienen und auf der Seite 53 nachzulesen. [Hoffmann 2002, S.41]

Die Möglichkeit einer Mediation schließt von Pechstaedt aus, da er keine vernünftige Basis zwischen Opfer und Täter sieht, da ihre Interessen nicht miteinander vereinbar sind. Dazu kommt erschwerend hinzu, dass sich das Opfer mit dem Täter zusammensetzen muss, was wiederum eine starke psychische Belastung für das Opfer darstellt. [Pechstaedt 2002, S.50]

Tabelle 20 Maßnahmen gegen Stalking und ihre Auswirkungen

Maßnahmen	Voraussetzungen	Positive Auswirkungen	Negative Auswirkungen
Zivilrechtliche	• Opfer muss Kontakt zu einem Anwalt aufnehmen • Opfer ist in der Beweispflicht	• Annäherungsverbot bis auf 100m • Einstweilige Verfügung vom Gericht • Unterlassungsklage • Verurteilung vor dem Zivilgericht	• Kostenintensiv • Zeitaufwendig • Dringlichkeit wird oft nicht gesehen • Strafen zu gering, meist nur Ordnungsgelder, die keinen Täter abschrecken
Strafrechtliche	• Es müssen Straftatbestände vorliegen • Bestrafung nach §4 GewSCHG setzt vollstreckbare richterliche Anordnung voraus	• Verurteilung vor dem Strafgericht	• Kostenintensiv • Werden häufig aufgrund mangelndem öffentlichem Interesse auf Privatklageweg verwiesen
Polizeirechtliche	• Opfer muss Anzeige erstatten • Polizei kann die Identität des Täters feststellen	• Polizeischutz • Abschreckung des Täters	• Kann zu einem bekräftigendem Verhalten führen, wenn die Polizei das Opfer nicht ernst nimmt
Psychosoziale	• Opfer muss Hilfsangebot in Anspruch nehmen	• Angstreduzierend • Depressionen und Panikattacken können eingedämmt werden • Verhaltensregeln können einstudiert werden • Das Gefühl des Alleinseins verschwindet	• keine

8 Fazit und Ausblick

In dieser Arbeit wurde gezeigt, wie Stalking definiert werden kann. Weiterhin wurde die Relevanz der Thematik für Deutschland dargestellt. Dabei war auffällig, wie viele Opfer es in der Bundesrepublik Deutschland gibt und wie schnell jeder Opfer eines Stalkers werden kann.

Die Relevanz der Auseinandersetzung mit diesem Thema ist in Deutschland meines Erachtens klar ersichtlich. Insbesondere durch die stetige Zunahme an Medienberichten, aber auch an der Zunahme von Forschungsprojekten und Fachtagungen wird deutlich, dass Stalking in Deutschland zu einem aktuell diskutierten Thema geworden ist.

Ich bin der Meinung, dass sich die Problematik weiter verschärfen wird. Insbesondere der Cyberstalking Bereich wird in den nächsten Jahren eine große Zunahme verzeichnen, da für die heranwachsende Generation das Medium Computer zum Alltag gehört. Es werden vermehrt E-Mails geschrieben. Ebenso nimmt die Teilnahme an Chatrooms stetig zu, wodurch jeder Nutzer aufgrund mangelnder Empathie auch fremden Personen gegenüber angreifbarer und repräsentativer wird. Hierbei ist zu beachten, dass das Einstiegsalter der jugendlichen Internetnutzer immer jünger wird, da Kinder heute ganz selbstverständlich mit dem PC aufwachsen und dem Internet aufwachsen und somit unbefangen damit umgehen. Welche Gefahren das birgt, zeigt mein Kapitel über Cyberstalking. Hierbei muss meines Erachtens mehr Aufklärungsarbeit über die Gefahren und Risiken des Internets zu Hause, sowie in der Schule geleistet werden.

Besonders schwierig war für mich die Frage zu beantworten, ob Stalking eine Psychopathologie ist oder nicht. Für mich persönlich war die Erklärung des Verhaltens mittels Persönlichkeitsstörungen am evidentesten, da ein Erklärungsversuch mittels Störung einer Bindungsgenese zwischen Mutter und Sohn mir als sehr vage erscheint. Wäre diese These valide, würden meines Erachtens viel mehr persönlichkeitsgestörte Menschen existieren. Das bloße Vorliegen einer gestörten Bindungsgenese in frühester Kindheit macht den Menschen nicht unbedingt zu einem Stalker oder zu einem psychisch kranken Menschen. Es muss sich nicht zwangs läufig auf die Psyche des Menschen auswirken. Ich bin der Meinung, dass die Mehrheit aller, die eine Störung der Bindungsgenese durchlebt hat, völlig normal und unauffällig aufwächst und es auf der anderen Seite viele Menschen mit psychischen Störungen gibt, die keine Verluste oder gestörte Eltern-Kind-Beziehungen in ihrer Kindheit erleiden mussten.

Dennoch bin ich der Meinung, dass zumindest ein Teil der Täter an einer Persönlichkeitsstörung, sei es eine Borderline oder eine narzisstische Persönlichkeitsstörung, leidet.

Meines Erachtens dürfen jedoch nicht alle Täter zu einer Gruppe subsumiert werden. Es gibt auch unter ihnen unterschiedliche Persönlichkeiten mit mannigfachen Verhaltens- und Vorgehensweisen. Daher ist es meiner Meinung nach besonders wichtig die unterschiedlichen Tätertypen zu bestimmen, um sinnvoll zu intervenieren und um den Opfern optimalen Schutz zu gewähren.

Bisher ist es in Deutschland noch sehr schwierig effektive Interventionsmaßnahmen durchzuführen. Man hat zwar durch das Gewaltschutzgesetz Möglichkeiten, den Stalker zivilrechtlich zu verklagen, dies ist jedoch ein sehr langer und kostspieliger Weg, den viele Opfer nicht gewillt sind zu gehen. Zum einen fehlen ihnen einfach die finanziellen Mittel oder sie sind bereits so stark eingeschüchtert, dass sie aus Angst nicht gegen ihren Peiniger vorgehen.

In vielen Stalking-Fällen fehlen aber auch die Beweise, da Stalker auf der einen Seite ihren Terror meist sehr geschickt ausüben, bzw. auf der anderen Seite viele Opfer gar nicht wissen, wie sie am besten die Beweise sichern. Sie haben meist das Bedürfnis jegliches Material, das sie an den Täter erinnert, zu vernichten. Dadurch sinkt ihre Chance auf einen aussichtsreichen Rechtsstreit.

Das Gewaltschutzgesetz ist ein positiver Anfang zum Schutz von Opfern bei Gewalttaten, dennoch hat die Praxis gezeigt, dass insbesondere bei diesem oft schwer zu beweisenden Tatbestand die Möglichkeiten des Gewaltschutzgesetzes nicht ausreichen.

Daher muss ein neues Gesetz geschaffen werden, dass Stalking als eigenen Straftatbestand unter Strafe stellt, sodass nicht nur die einzelnen Handlungen bestraft werden können, sondern deren Gesamtheit.

Hessen hat als erstes Bundesland die Konsequenz daraus gezogen und einen Gesetzesentwurf für einen besseren Schutz von Stalking Opfern entworfen. Damit sollen die Opfer die Möglichkeit bekommen nicht nur zivilrechtlich gegen ihre Täter vorzugehen. Stalking soll als eigener Straftatbestand im Strafgesetzbuch integriert werden. Dies ist meines Erachtens ein sehr sinnvoller Entwurf, der schnellstmöglich verabschiedet werden muss und für die gesamte Bundesrepublik Deutschland als allgemein gültig erklärt werden muss, da täglich neue Schlagzeilen von Stalking Fällen bekannt werden. Den Opfern sowie den Hilfseinrichtungen sind die Hände oftmals mangels Beweisen und mangels rechtlicher Möglichkeiten gebunden. Aber nicht nur für diesen Bereich ist eine Verbesserung wünschenswert, sondern auch auf der Vernetzungs-ebene der betroffenen Stellen. Insbesondere zwischen Justiz, Polizei und pädagogischen sowie psychologischen Hilfseinrichtungen wäre eine Teamarbeit wünschenswert, da sich die Fähig- und Fertigkeiten dieser Fachleute auf diesem Themengebiet sinnvoll und effektiv ergänzen würden.

9 Literaturverzeichnis

Bettermann, Julia: *Stalking – ein altbekanntes Phänomen erhält einen Namen*, in Sozialmagazin, die Zeitschrift für soziale Arbeit, Heft 12, Juventa Verlag, Weinheim, 2002

Bettermann, Julia; Feenders, Moetje: *Stalking*, Verlag für Polizeiwissenschaft, Frankfurt, 2004

Brewster, Susan: Wie *ein Anker im Strudel der Gewalt – Ein Ratgeber für Freunde und Verwandte misshandelter Frauen*, Fischer Taschenbuch Verlag, Frankfurt am Main, 2001

Brisch, K. H.: Hyperaktivität und Aufmerksamkeitsstörung aus der Sicht der Bindungstheorie, in: G. Bovensiepen, G. u. a.: Unruhige und unaufmerksame Kinder. Frankfurt a. M. 2002

Budd, T.; Mattinson, J.: *Stalking: Findings from 1998 British Crime Survey*, Research, Home Office & Directorate, Development and Statistics, Research Findings No. 129, London, 2000

Bundesministerium für Familie, Senioren, Frauen und Jugend: *Fortbildung für die Intervention bei häuslicher Gewalt*, Verlag W. Kohlhammer, Stuttgart, 2002

Buskotte, Andrea: *Erfahrungen mit Kooperationsgremien und Anforderungen an eine effektive Vernetzung – „Netzwerken" in Niedersachsen*, Niedersächsisches Justizministerium, Hannover, 2002

Däubler-Gmelin: *Gewaltschutzgesetz*, in SPIEGEL ONLINE vom 28.03.2000, www.spiegel.de/politik/deutschland/0,1518,70900,00.html vom 13.03.2004

De Becker, Gavin: *Mut zur Angst – Wie Intuition uns vor Gewalt schützt*, Fischer Taschenbuch Verlag, Frankfurt am Main, 2001

Degen, Rolf: *Liebe an die falsche Adresse, ungebetene Verehrer haben Störung der Hirnfunktion – so genannten Stalking weit verbreitet*, in www.welt.de/daten/1999/08/17/0817ws125686.htx vom 10.03. 2004

Dutton, Mary Ann: *Gewalt gegen Frauen, Diagnostik und Intervention*, 1. Auflage, Hans Huber Verlag, Bern, 2002

Elsner, Constanze: *Mit mir nicht mehr – Gewalt in der Partnerschaft*, Fischer Taschenbuch Verlag, Frankfurt am Main 1997

Fiedler, Peter: *Persönlichkeitsstörungen*, in Reinecker, Hans (Hrsg.): *Lehrbuch der klinischen Psychologie*, 3. überarbeitete Auflage, Hogrefe Verlag, Göttingen, 1998

Finch, Emily: *The Criminalisation of Stalking*, Cavendish Publishing, London, 2001

Firle, Michael /Hoeltje, Bettina / Nini, Maria: *Gewalt in Ehe und Partnerschaft, Anregungen und Vorschläge zur Beratungsarbeit mit misshandelten Frauen*, Bundesministerium für Familie, Senioren, Frauen und Jugend, Hamburg, 1995

Fladung, Roger u.a.: Gewalt *gegen Frauen im häuslichen Bereich – Handreichung für die Polizei*, Niedersächsisches Innenministerium, Hannover, 2002

Goodnough, David: *Stalking, A Hot Issue*, Enslow Publishers, Inc., USA, 2000

Harmon, Ronnie /Rosenfeld, Barry: *Factors Associated with violence in Stalking and Obsessional Harassment cases*, 2002

Hoffmann, Jens: *Begegnungen der unheimlichen Art*, in Psychologie Heute, Jg.27, Heft 8, 2000

Hoffmann, Jens: *Stalking – Forschung und Krisen – Management, Zum Stand in Deutschland*, in Kriminalstatistik 01/2001

Hoffmann, Jens: *Risiko-Analyse und das Management von Stalking-Fällen*, in Lorei, Clemens: *Polizei und Wissenschaft, Themenheft Stalking*, Ausgabe 4/2002, Verlag für Polizeiwissenschaft, Frankfurt, 2002

Hoffmann, Jens: *Star-Stalker: Prominente als Objekt der Obsession*, in Bettermann, Julia/Feenders, Moetje: *Stalking, Verlag für Polizeiwissenschaft*, Frankfurt, 2004

Kapella, Olaf/ Cizek, Brigitte: *Gewalt in der Familie. Gewaltbericht 1998*, Bundesministerium für Soziale Sicherheit, Generationen und Konsumentenschutz, Wien, 1998

Kernberg, Otto F.: *Borderline-Störungen und pathologischer Narzißmus*, Suhrkamp, Frankfurt am Main, 1983

Kienlen, Kristine, K. :*Developmental and Social Antecedents of Stalking*, in Meloy, Reid J.: *The Psychology of Stalking – Clinical and Forensic Perspectives*, Academic Press, San Diego, 1998

Lempert, Joachim / Oelemann Burkhard: *... dann habe ich zugeschlagen*, Konkret Literatur Verlag, Hamburg, 1995

Lorei, Clemens: *Polizei und Wissenschaft, Themenheft Stalking*, Ausgabe 4/2002, Verlag für Polizeiwissenschaft, Frankfurt, 2002

Löbmann, Rebecca: *Stalking in Fällen häuslicher Gewalt*, in Bettermann, Julia/Feenders, Moetje: *Stalking, Möglichkeiten und Grenzen der Intervention*, Verlag für Polizeiwissenschaft, Frankfurt, 2004

Mechanic, Mindy B.: Stalking Victimization: Clinical Implications for Assessment and Intervention, in Davies, K., Frieze I. H. & Maiuro, R. D. : Stalking : Perpsectives on Victims and Perpetrators, New York, Springer, 2002

Meloy, Reid J.: *The Psychology of Stalking – Clinical and Forensic Perspectives*, Academic Press, San Diego, 1998

Meyer, Cordula : *Psychoterror bis zum Mord,* in Der Spiegel 8/2000, www.spiegel.de/spiegel/0,1518,65374,00.html vom 13.03.2004

Mullen, Paul E./MacKenzie, Rachel: *Assessing and Managing Risk in Stalking Situations,* in Bettermann, Julia; Feenders, Moetje: *Stalking- Möglichkeiten und Grenzen der Intervention,* Verlag für Polizeiwissenschaft, Frankfurt, 2004

Mullen, Paul E. / Pathe, Michele / Purcell, Rosemary: *Stalkers and their victims,* Cambridge University Press, 2000

Mullen, Paul E.: *Multiple Classifications of Stalkers and Stalking Behavior Available to Clinicians,* Psychiatric Annals, 2003
Möller, Hans-Jürgen/Laux, Gerd/Deister, Arno : *Psychiatrie,* Hippokrates- Verlag, Stuttgart, 1996

Neubauer, Erika Dr./Steinbrecher, Ute/Drescher-Aldendorff, Susanne: *Gewalt gegen Frauen: Ursachen und Interventionsmöglichkeiten,* Schriftenreihe des Bundesministeriums für Familie, Senioren, Frauen und Jugend, Kohlhammer, Stuttgart, 1998

Orion, Doreen: *I Know you really love me,* Dell Publishing, New York, 1997

Pechstaedt, Volkmar von: *Stalking – Strafbarkeit nach englischem und deutschem Recht,* Hainholz Verlag, Göttingen, 1999

Pechstaedt, Volkmar von: *Stalking und das deutsche Recht,* in Lorei, Clemens: *Polizei und Wissenschaft, Themenheft Stalking,* Ausgabe 4/2002, Verlag für Polizeiwissenschaft, Frankfurt, 2002

Pathe, Michele: *Surviving Stalking,* Cambridge University Press, 2002

Rahn, Ewald/Angela Mahnkopf: *Lehrbuch Psychiatrie für Studium und Beruf,* 2. Auflage, Psychiatrie-Verlag, Bonn, 2000

Saß, Henning / Wittchen, Hans-Ulrich / Zaudig, Michael: *Diagnostisches und Statistisches Manual Psychischer Störungen DSM-IV*, 2. Auflage, Hogrefe Verlag für Psychologie, Göttingen, 1998

Saunders, Rhonda: *The legal Perspective on Stalking*, in Meloy, Reid: *The Psychology of Stalking-Clinical and Forensic Perspectives*, Academic Press, San Diego, 1998

Schirrmacher, Gesa Dr.: *Die niedersächsischen Beratungs- und Interventions-stellen- Mit BISS in die Regionen*, Beitragsexposé zur Fachtagung „Eingreifen bei häuslicher Gewalt II – Interventionszentralen im europäischen Raum", Feministisches Institut der Heinrich-Böll-Stiftung & Senatsverwaltung für Wirtschaft, Arbeit und Frauen, Berlin, 2003

Schumacher, Susanne: *Liebeswahn*, VGS Verlagsgesellschaft, Köln, 2000

Siegmund-Schultze, Nicola: *Wenn Liebe zum Wahn wird – Stalking-Opfer leiden unter Telefonterror, Auflauern und Gewalt*, in Ärzte Zeitung vom 05.07.2001, www.aerztezeitung.de/docs/2001/07/05/123a0203.asp vom 04.07.2004

Tjaden, Patricia/Thoennes, Nancy: *Stalking in America: Findings From the National Violance Against Women Survey*, U.S. Department of Justice, 1998 [1]

Tjaden, Patricia/Thoennes, Nancy: *Stalking in America: Findings From the National Violance Against Women Survey, Research in Brief*, U.S. Department of Justice, 1998 in http://www.ncjrs.org/txtfiles/169592.txt [2]

Tholen, Edith Eva:*Coaching für die Opfer – Die Entstehung einer moderierten Selbsthilfegruppe* in Bettermann, Julia/Feenders, Moetje: *Stalking – Möglichkeiten und Grenzen der Intervention*, Verlag für Polizeiwissenschaft, Frankfurt, 2004

Voß, Hans-Georg W. in Bettermann/Feenders: Möglichkeiten und Grenzen der Intervention, Verlag für Polizeiwissenschaft, 2004

Voß, Hans-Georg W./Hoffmann, Jens in Lorei, Clemens: *Polizei und Wissenschaft, Themenheft Stalking,* Ausgabe 4/2002, Verlag für Polizeiwissenschaft, Frankfurt, 2002

Wondrak, Isabel: *Auswirkungen von Stalking aus Sicht der Betroffenen,* in Bettermann, Julia/Feenders, Moetje: *Stalking - Möglichkeiten und Grenzen der Intervention,* Verlag für Polizeiwissenschaft, Frankfurt, 2004

Zimbardo, Philip G., Gerrig, Richard J.: *Psychologie,* Springer, Berlin, 1996

Broschüren / Zeitschriften:

Hannoversches Interventions-Projekt: *HAIP gegen MännerGewalt in der Familie,* Hannover, 10.2000

Mehr Schutz bei häuslicher Gewalt – Informationen zum Gewaltschutzgesetz, Bundesministerium für Familie, Senioren, Frauen und Jugend und Bundesministerium der Justiz, Berlin, 2003

Sozialmagazin, Die Zeitschrift für Soziale Arbeit: *Häusliche Gewalt von Opfern und Tätern,* Heft 6, Juventa Verlag, Weinheim, 2002

Internetrecherche

[aerztezeitung 2004] zuletzt abgerufen am 10.03.2004
http://www.aerztezeitung.de/docs/2000/09/14/163a0301.asp

[beepworld 2004] zuletzt abgerufen am 16.03.2004
http://www.beepworld.de/members/histrionisch-narzistisch/

[borderline 2004] zuletzt abgerufen am 15.04.2004

http://www.borderline-community.de/borderline/12.htm

[british journal 2004] zuletzt abgerufen am 10.03.2004
http://bjp.rcpsych.org/cgi/content/full/176/3/206

[broken-rainbow2004] zuletzt abgerufen am 28.08.2004
http://www.broken-rainbow.de/material/Stalking.pdf

[bundesrecht2004] zuletzt abgerufen am 30.08.2004
http://bundesrecht.juris.de /bundesrecht/gewschg/

[jura-uni-bonn] zuletzt abgerufen am 15.05.2004
http://www.jura.uni-bonn.de/institute/krimsem/Cyber-
Crime/Left/Empirisches/Wissenschaft/CyberCrime-
CyberCrimeKontrolle-SS2003/SammlungCyberCrime/5

[Kernberg 2004] zuletzt abgerufen am 11.06.2004
http://www.wie.org/DE/j4/kern.asp?page=2

[Net-lexikon 2004] zuletzt abgerufen am 10.05.2004
http://www.net-lexikon.de/Gewalt.html

[uni-hamburg 2004] zuletzt abgerufen am 22.07.2004
http://www.rrz.uni-hamburg.de/psych-3/seminar/schwab/8

[uni-düsseldorf] zuletzt abgerufen am 10.08.2004
http://www.uni-duesseldorf.de/WWW/AWMF/ll/psytm021.htm

[wiredpatrol 2004] zuletzt abgerufen am 16.05.2004
http://www.wiredpatrol.org/documents/5

10 Abbildungs- und Tabellenverzeichnis